DIE GEBETE

Betet jeden Tag den heiligen Rosenkranz

SHALOM

Mitarbeiter:

Texte
Pater Slavko Barbaric' OFM

Geistiger Führer:
Pater Gianni Sgreva

Graphischer Plan:
Gelisiana

Graphischer Umbruch:
Antonella

übersetzt von
Nicoletta Cionna und Schwester Rebecca CMOP

© Copyright SHALOM srl ®
(25.6.81 - 25.6.97)
ISBN 8 8 - 8 6616 - 22 - 8

SHALOM

Zu bestellen bei:

Editrice Shalom srl
Via dell'Industria, 15
60037 Monte San Vito (An)

Tel. 071. 74 50 440
Von Montag bis Freitag
Öffnungszeiten: 9-12 und 15-19

Fax 071. 74 50 140
zu allen Tages- und Nachtzeiten
auch an Feiertagen
SHALOM Verlag ist ohne Erwerbszweck

Inhaltsverzeichnis

Den heiligen Rosenkranz beten bedeutet, in die Schule von Maria einzutreten und von Ihr, der Mutter und Jüngerin Christi, zu lernen, wie man in der Tiefe und in der Gesamtheit die Ansprüche des christliches Glaubens leben soll. Sie war die erste Gläubige, und im Kirchenleben war Sie im Abendmahlssaal der Mittelpunkt der Einheit und Nächstenliebe unter den ersten Jüngern Ihres Sohnes. Wenn man den Rosenkranz betet, soll man nicht einfach Formeln wiederholen, sondern in eine vertrauliche Unterhaltung mit Maria eingehen, mit Ihr sprechen, Ihr die Hoffnungen darlegen, Ihr die Leiden anvertrauen, Ihr das Herz öffnen, Ihr die eigene Verfügbarkeit zeigen, um die Gottespläne anzunehmen, Ihr unter allen Umständen, besonders unter den schwierigen und schmerzlichen, Treue versprechen, in der Gewißheit Ihres Schutzes und überzeugt, daß uns durch Sie von Ihrem Sohn alle notwendige Gnade für unsere Rettung verliehen wird. Wenn wir den heiligen Rosenkranz beten, betrachten wir Christus nämlich aus einer bevorzugten Sicht, aus der von Maria, seiner Mutter; wir denken über die Geheimnisse des Lebens, des Leidens und der Auferstehung unseres Herrn nach mit den Augen und dem Herzen derer, die Ihrem Sohn am nächsten war.

Wir sollen den Rosenkranz sowohl in der Kirchengemeinde als auch in der Vertrautheit unserer Familie regelmäßig beten; nach unseren wiederholten Anrufungen wird er unsere Herzen vereinen, unseren häuslichen Herd wieder entflammen, unsere Hoffnung stärken und uns allen Frieden und die Ehre Christi, des für uns geborenen, gestorbenen und auferweckten, verleihen.

Johannes Paul II am 2.10.88

Lucia von Fatima:
"Der Ruf ist nötig, weil es kein materielles, geistiges, nationales oder internationales Problem gibt, das man mit dem Heiligen Rosenkranz und mit unseren Opfern nicht lösen kann, seit die Heilige Jungfrau dem Heiligen Rosenkranz eine große Wirksamkeit verliehen hat. Wenn er mit Liebe und Andacht gebetet wird, wird er Maria trösten und Ihrem Unbefleckten Herzen viele Tränen trocknen."

Pater Pio:

"Dies ist mein Testament und mein Erbe: liebt und macht daß man die Jungfrau liebt. Betet und macht, daß man den Rosenkranz betet".

Der Heilige Luigi Maria von Monfort:

Kein Gebet ist verdienstvoller für die Seele und ruhmreicher für Maria und Jesus als ein andächtig gebeteter Rosenkranz. Aber es ist schwierig, ihn zu beten wie man soll, und es ist mühsam, beharrlich zu sein, weil man von den häufigen Wiederholungen desselben Gebetes abgelenkt werden kann. Im Rosenkranz, wo es häufige Wiederholungen mit der immer gleichen Form vom Vaterunser und vomAve Maria gibt, ist es sehr schwer, sich nicht zu langweilen oder einzuschlafen. Deshalb kann man in Versuchung geraten, ihn aufzugeben, und angenehmere oder weniger langweilige Gebete zu wählen. Stell dich vor Gott hin: stell dir vor, daß Gott und seine heilige Mutter dich anschauen, daß dein Schutzengel, der rechts von dir steht, deine Ave Maria nimmt, und, wenn sie andächtig gebetet sind, macht er aus ihnen viele Rosen, um damit eine Krone für Jesus und Maria zu flechten; stell dir hingegen vor, daß links von dir Satan dich umkreist, um deine Ave Maria zu verschlingen, wenn sie ohne Aufmerksamkeit, Liebe und Bescheidenheit gesagt sind. Vergiß vor allem nicht, die verschiedenen Gesätzchen zu Ehren der Geheimnisse zu beten und dir in der Betrachtung unseren Herrn und seiner heiligen Mutter im Geheimnis, das du ehren willst, vorzustellen. Unsere unbeständige Phantasie, die uns nicht ruhen läßt, und die unermüdliche Arglist des Teufels, der uns am Beten hindert, vermehren unsere Schwierigkeiten. Was tut der Böse nicht gegen uns, wenn er sieht, wie wir den Rosenkranz beten, um seine Hinterlist zu vereiteln? Er vergrößert unsere natürliche Schwäche und unsere Nachlässigkeit, bevor wir das Gebet beginnen; er vergrößert unsere Langweile, unsere Zerstreutheit und unsere Müdigkeit. Während wir beten, fällt er von allen Seiten über uns her und später, wenn wir den Rosenkranz mit Anstrengung und zerstreut gebetet haben, macht er sich lustig über uns und sagt: "Du hast nichts Wertvolles gesagt: dein Rosenkranz hat keinen Wert: du hättest besser daran getan, deine

7

Angelegenheiten zu erledigen. Merkst du nicht, daß du deine Zeit damit verlierst, viele Gebete laut aber ohne Aufmerksamkeit zu stammeln, während eine halbe Stunde Nachdenken oder eine gute Lektüre für dich besser wären? Morgen, wenn du weniger verschlafen bist, betest du mit mehr Aufmerksamkeit. Verschieb deinen Rosenkranz auf morgen!". Auf dieser Weise hat er mit seiner List Erfolg, dich den Rosenkranz zum Teil oder ganz vernachläßigen zu lassen, oder wenigstens das Gebet zu verschieben. Auch wenn du während deines Rosenkranzes gegen deine Zerstreuungen kämpfen muß, kämpfe mit Mut, das heißt, bete weiter; es wird ein schrecklicher aber sehr heilsamer Kampf um deine treue Seele sein. Man soll den Rosenkranz mit Liebe beten, und sich gleichzeitig an die Worte Jesu erinnern: "Alles, worum ihr betet und bittet, glaubt nur, daß ihr es schon erhalten habt, dann wird es euch zuteil." (Mk 11,24) Er wird dir sagen: "Es soll geschehen, wie du geglaubt hast" (Mt 8,13). "Wer bittet, soll aber voll Glauben bitten und nicht zweifeln" (Jk 1,6), während er den Rosenkranz betet, und es wird ihm gegeben.

Aus der Botschaft der Heiligen Jungfrau, Königin des Friedens:
Betet den Heiligen Rosenkranz jeden Tag und betet ihn zusammen...zusammen mit deiner Frau, mit deinem Mann, mit deinen Kindern, von klein auf, sobald sie zu Verstand kommen, mit Eltern und Brüdern, in deinem Haus, zu einer festgesetzten Stunde, als eine Unterbrechung der Probleme und Pflichten des täglichen Lebens. Fastet am Mittwoch und am Freitag:

"Betet jeden Tag wenigstens den Rosenkranz: die freudenreichen, schmerzhaften und glorreichen Geheimnisse..." (14.8.84)

Die Leute beten falsch, bitten um materielle Gnaden. Wenige bitten um die Gabe des Heiligen Geistes. Aber die, die den Heiligen Geist bekommen, bekommen alles. (7.6.84)

"Betet für die Ausbreitung des Heiligen Geistes über eure Familien und über eure Pfarrkirchen. Betet, ihr werdet es nicht bereuen! Gott wird euch die Gaben geben, mit denen ihr Ihm bis zum Ende eures irdischen Lebens preisen werdet". (2.6.84)

"Gebt dem Herrn den ersten Platz bei der Arbeit und im alltäglichen Leben." (25.12.87)

"Gebt vor allem euren Familien eure Liebe und seid ein Beispiel für sie". (25.12.91)

Ich bitte euch, mit eurem Zeugnis allen Leuten zu helfen, die nicht in Heiligkeit leben können. Deshalb, liebe Kinder, sei eure Familie ein Platz, wo die Heiligkeit entsteht. Helft mir alle, die Heiligkeit besonders in eurer Familie zu leben. (24.7.86)

Ohne Gebet gibt es keinen Frieden. Deshalb empfehle ich euch, liebe Kinder, vor dem Kreuz für den Frieden zu beten. (6.9.84)

Heute bitte ich euch, die Bibel jeden Tag in euren Häusern zu lesen: stellt sie an einen gut sichtbaren Platz, so daß sie euch immer dazu anregt, sie zu lesen und zu beten. (18.10.84)

Heute bitte ich euch, das Gebet in euren Familien zu erneuern. Liebe Kinder, spornt auch die Kleinsten zum Gebet an und laßt die Kinder zur Heiligen Messe gehen. (7.3.85)

Eine Familie kann nicht sagen, daß sie im Frieden lebt, wenn sie nicht betet. Deshalb beginnt den Tag mit eurem Morgengebet und beendet den Abend mit dem Dankgebet. (25.8.95)

Vergeßt nicht, liebe Kinder, daß ihr alle wichtig seid. Insbesondere sind die Ältesten in der Familie wichtig: spornt sie an zu beten. Alle jungen Leute sollen mit ihrer Lebensführung ein Beispiel für die anderen und ein Zeugnis für Jesus Christus sein. (24.4.86)

Ich möchte, daß ihr die Liebe in euren Familien erneuert, so daß, wo es Haß und Friedlosigkeit gibt, die Liebe herrscht, und wenn es in euren Herzen Liebe gibt, gibt es auch das Gebet. Liebe Kinder, vergeßt nicht, daß ich mit euch bin, und daß ich euch mit meinem Gebet helfe, damit Jesus euch die Kraft zu lieben gibt. (25.4.93)

In dieser Zeit will Satan Verwirrung in eure Herzen und in eure Familien bringen. Kinder, erliegt nicht, ihr dürft nicht zulassen, daß er euch selbst und euer Leben lenkt. (25.1.94)

9

Ich fordere euch zum Gebet in euren Familen auf, so daß jede Familie zur Freude für meinen Sohn Jesus werden wird. Also, liebe Kinder, betet und findet mehr Zeit für Jesus, so daß ihr alles verstehen und annehmen könnt: die Krankheiten und die Kreuze, auch die schwersten. (25.1.92)

Betet zu Gott, auf daß Er euch den wahren Frieden gebe. Erlebt den Frieden in euren Herzen und ihr werdet verstehen, daß der Friede eine Gabe Gottes ist. Liebe Kinder, ohne Liebe könnt ihr nicht in Frieden leben. Die Frucht des Friedens ist die Liebe, und die Frucht der Liebe ist die Verzeihung. Ich bin mit euch und ich bitte euch, Kinder, besonders in der Familie zu verzeihen, dann könnt ihr auch den anderen verzeihen. (25.1.96)

Ich bitte euch, in euren Familien dem Gebet den ersten Platz einzuräumen. Kinder, wenn Gott am ersten Platz steht, dann werdet ihr in allem, was ihr macht, den Willen Gottes suchen, so daß euere alltägliche Bekehrung einfacher wird. (25.4.96)

Ich bitte euch, euch meinem Unbefleckten Herzen zu weihen. Ich möchte, daß ihr euch persönlich, als Familie und als Pfarrkirche weiht, so daß durch meine Hände alles Gott gehört. Satan ist stark; und so, liebe Kinder, kommt an mein mütterliches Herz mit einem immerwährenden Gebet. (25.10.88)

Ich möchte euch für alle Opfer danken, und ich bitte euch um das größte Opfer: das Opfer der Liebe. Ohne Liebe könnt ihr weder meinen Sohn noch Mich annehmen. Ohne Liebe könnt ihr eure Erfahrungen nicht übermitteln. So bitte ich euch, liebe Kinder, laßt die Liebe in euren Herzen zu leben beginnen. (27.3.86)

Ich bitte euch, in euren Häusern viele heilige Gegenstände auszulegen, und jeder soll einen gesegneten Gegenstand auf sich tragen. Segnet alle Dinge; so wird euch Satan weniger in Versuchung bringen, weil ihr den notwendigen Schutz gegen ihn habt. (18.7.85)

Betet
jeden Tag
den heiligen Rosenkranz

Domenico Ghirlandaio (1449-1494)
Die Krönung der Jungfrau

EINFÜHRENDE GEBETE ZUM HEILIGEN ROSENKRANZ

*Im Namen des Vaters und des Sohnes und des Heiligen Geistes
Amen*

BUßAKT

*Zeit für das Nachdenken, um unser Herz dem Herrn zu öffnen, um um
Verzeihung zu bitten für unsere Fehler, unsere Schwächen und für jedes
Mal, wenn wir die Bedürfnisse unserer Mitmenschen nicht bemerkt haben.
Wir bitten darum, daß uns verziehen werde, weil wir nicht gelernt haben zu
beten und wir daher nicht lieben können. Wir vertrauen Jesus all unsere
Probleme und die Sorgen unseres Herzens an. Wir vertrauen auf Ihn und
auf die Fürbitte unserer Heiligen Gottesmutter.*

*Man soll auch mit Demut beten wie der Zöllner. Er kniete auf dem Boden
und nicht mit einem erhobenen Knie und saß nicht auf der Sitzbank wie die
stolzen Leute von Heute. Er stand zuhinterst im Tempel, nicht im
Allerheiligsten wie der Pharisäer; er stand mit gesenkten Augen, und
traute sich nicht zum Himmel zu schauen; er stand nicht mit erhobenem
Haupt, er schaute nicht umher wie der Pharisäer. Er schlug sich an seine
Brust, indem er sich als schuldig bekannte und er bat um Verzeihung.*

O Gott sei mir armem Sünder gnädig,

*und nicht wie der Pharisäer, der seine guten Werke rühmte und die anderen
verachtete. Hüte dich daher vor dem stolzen Gebet des Pharisäers, das ihn
noch härter und verdammter machte. Ahme im Gegenteil die bescheidene
Haltung des Zöllners nach, der die Verzeihung der Sünden erlangte.*

(Schweigepause für eine kurze Gewissenserforschung)

ERNEUERUNG DER TAUFVERPFLICHTUNGEN

Ich widersage den Sünden,
um im Frieden der Kinder Gottes zu leben.
Ich widersage den Verführungen des Bösen,
um mich nicht von der Sünde beherrschen zu lassen.

13

Ich widersage dem Satan,
Ursprung und Ursache jeder Sünde.
Ich glaube an Gott, den Vater, den Allmächtigen,
der alles geschaffen hat, Himmel und Erde.

Ich glaube an Jesus Christus,
seinen eingeborenen Sohn, unseren Herrn, der von der
Jungfrau geboren wurde, starb und begraben wurde; er ist
von den Toten auferstanden und sitzt zur Rechten seines
Vaters.

Ich glaube an den Heiligen Geist,
an die Heilige Katholische Kirche, die Gemeinschaft der
Heiligen, die Vergebung der Sünden, die Auferstehung der
Toten und das ewige Leben.

Herr, erbarme Dich meiner.
Christus, erbarme Dich meiner.
Herr, erbarme Dich meiner.

Jesus, ich liebe dich.

Danke Jesus, daß Du uns deine Mutter gegeben hast.

Schuldbekenntnis

Ich bekenne Gott dem Allmächtigen und euch, Brüdern und
Schwestern, daß ich Gutes unterlassen und Böses getan
habe.Ich habe gesündigt in Gedanken, Worten und Werken
(man schlägt sich an die Brust),
durch meine Schuld, durch meine Schuld, durch meine große
Schuld. Darum bitte ich die selige Jungfrau und Gottesmutter
Maria, alle Engel und Heiligen und euch, Brüder und
Schwestern, für mich zu beten bei Gott unserem Herrn.

SEQUENZ DES HEILIGES GEISTES

Komm, Heliger Geist,
send uns vom Himmel
einen Lichtstrahl.

**Komm, Vater der Armen,
Komm, Geber der Gaben
Komm, Licht der Herzen.**

Bester Tröster,
lieber Gast der Seele,
angenehmster Trost.

**Ruhe in der Mühsal,
Schutz in der Hitze
Trost im Leid.**

O, heiligstes Licht,
komm ins Innerste
der Seele deiner Gläubigen.

**Ohne deine Kraft,
ist nichts in den Menschen,
nichts ohne Schuld.**

Wasche, was schmutzig ist,
Mach naß, was trocken ist,
heile, was blutet.

**Beuge, was starr ist,
erwärme, was kalt ist,
richte auf, was gekrümmt ist.**

Gib deinen Getreuen,
die nur auf dich vertrauen,
deine Heiligen Gaben.

Gib Tugend und Belohnung,
gib Heiligen Tod,
gib ewige Freude.

Amen.

Sende deinen Geist und es wird eine neue
Schöpfung geben.
Und Du wirst das Angesicht der Erde erneuern.

Lasset uns beten,
O Gott, der Du Deine Brüder gelehrt hast, indem Du
ihre Herzen mit dem Licht des Heiligen Geistes
erleuchtet hast, laß uns in demselben Geist Sinn für das
Gute zu haben, und mach, daß wir uns immer über
deinen Trost freuen. Durch Christus, unseren Herrn.
Amen.

HYMNE AN DEN HEILIGEN GEIST

Komm, Schöpfer Geist, kehr bei uns ein,
besuch das Herz der Kinder dein,
erfüll uns all mit deiner Gnad',
die deine Macht erschaffen hat.

Der du der Tröster wirst genannt,
vom höchsten Gott ein Gnadenpfand,
du Lebensbrunn, Licht, Lieb' und Glut,
der Seele Salbung, höchstes Gut.

O Schatz, der siebenfältig ziert,
o Finger Gottes, der uns führt,
Geschenk, vom Vater zugesagt,
du, der die Zungen reden macht.

Zünd an in uns dein Gnadenlicht,
gieß Lieb ins Herz, die ihm gebricht,
stärk unsres Leib's Gebrechlichkeit
mit deiner Kraft zu jeder Zeit.

Treib weit von uns des Feind's Gewalt,
in deinem Frieden und erhalt'
daß wir, geführt von deinem Licht,
in Sünd' und Leid verfallen nicht.

Gib, daß durch dich den Vater wir
und auch den Sohn erkennen hier,
und daß als Geist von beiden dich
wir allzeit glauben festiglich.

Gott Vater Lob auf höchstem Thron
und seinem auferstand'nen Sohn;
dem Tröster auch sei Lob geweiht
jetzt und in alle Ewigkeit. Amen

Sende Deinen Geist und es wird eine neue Schöpfung
geben.
Und Du wirst das Angesicht der Erde erneuern.

ANRUFUNG DES HEILIGEN GEISTES

Komm, Heiliger Geist, beschenke uns aus dem Quell deiner Gnaden, damit ein neues Pfingsten in Deiner Kirche entstehen kann! Komm herab auf Deine Bischöfe, auf die Priester, auf die Ordensbrüder und Ordensschwestern, auf alle, die nicht glauben, auf die verhärteten Sünder und auf jeden von uns! Komm herab auf alle Menschen der Welt, auf alle Rassen und Klassen!

Wecke uns mit Deinem Heiligen Hauch, reinige uns von allen Sünden und befreie uns von jeder List und vom Bösen! Entzünde in uns Dein Feuer und laß uns verbrennen und verzehren in Deiner Liebe!

Lehre uns zu verstehen, daß Gott alles ist, unser ganzes Glück und unsere Freude und daß nur in Ihm unsere Gegenwart, unsere Zukunft und unsere Ewigkeit sein werden! Komm, Heiliger Geist, und verwandle uns, rette uns, versöhne uns, vereinige uns, heilige uns!

Lehre uns, ganz Christus zu gehören, ganz Dir, ganz Gott! Darum bitten wir durch die Fürsprache und den Schutz unserer Heiligen Gottesmutter, Deiner Unbefleckten Braut, Mutter von Jesus und unsere Mutter, Königin des Friedens!

Amen.

UNTERWERFUNG UNTER DEN HEILIGEN GEIST: DAS GEHEIMNIS DER HEILIGKEIT

O Heiliger Geist, Seele meiner Seele, ich bete dich an: erleuchte mich, führe mich, gib mir Kraft, tröste mich, lehre mich, was ich machen soll, gib mir Deine Anweisungen. Ich verspreche Dir, daß ich mich allem, was du von mir verlangst, unterwerfen werde und ich alles, was Du willst, daß mir zustoße, annehmen werde: nur laß mich deinen Willen erkennen.

GLAUBENSBEKENNTNIS

Das Credo ist unser Glauben. Im Kredo bekennen wir alle Grundwahrheiten unseres Glaubens. Die Muttergottes möchte, daß dieses Gebet täglich gelebt und bezeugt wird. Maria will uns vorbereiten, um in der Welt zu bestehen, gestärkt durch unseren Glauben und durch Ihre und Jesu Gegenwart.

Ich glaube an den einen **Gott**, der Vater, der Allmächtigen, der alles geschaffen hat, Himmel und Erde, die sichtbare und die unsichtbare Welt.
Ich glaube an den einen Herrn, **Jesus Christus**,
Gottes eingeborenen Sohn, aus dem Vater geboren
vor aller Zeit: Gott von Gott, Licht vom Licht, wahrer Gott vom wahren Gott, gezeugt, nicht geschaffen
eines Wesens mit dem Vater;
durch ihn ist alles geschaffen.
Für uns, Menschen, und zu unserem Heil ist er vom Himmel gekommen, hat Fleisch angenommen durch den Heiligen Geist von der Jungfrau Maria und ist Mensch geworden.
Er wurde für uns gekreuzigt unter Pontius Pilatus,
hat gelitten und ist begraben worden, ist am dritten Tage auferstanden nach der Schrift, und aufgefahren in den Himmel.
Er sitzt zur Rechten des Vaters, und wird wiederkommen, in Herrlichkeit, zu richten die Lebenden und die Toten; seiner Herrschaft wird kein Ende sein.
Wir glauben an den **Heiligen Geist**, der Herr ist und lebendig macht, der aus dem Vater und dem Sohn hervorgeht, der mit dem Vater und dem Sohn angebetet und verherrlicht wird, der gesprochen hat durch die Propheten;
Ich glaube an eine, heilige, katholische und apostolische Kirche.
Wir bekennen die eine Taufe zur Vergebung der Sünder.
Wir erwarten die Auferstehung der Toten
und das Leben der kommenden Welt. Amen

Gesegnet seist Du, Gott, unser Vater,
der uns bittet, im Glauben über die Geheimnisse
Deines Sohnes nachzudenken und sie zu feiern.
Gewähre deinen Gläubigen, die treu den Rosenkranz
beten, zusammen mit Maria, der jungfräulichen
Mutter, und durch die Gnade des Heiligen Geistes, die
Freude, die Hingabe und Ehre unseres Herrn Jesus im
Herzen zu bewahren. Der Du lebst und herrschst von
Ewigkeit zu Ewigkeit. Amen

O Gott, komm uns zu Hilfe.
Herr, eile uns zu retten.

Ehre sei dem Vater und dem Sohn und dem Heiligen
Geist.
**Wie es war im Anfang, so auch jetzt und alle Zeit
und in Ewigkeit.**
Amen.

Die Heiligen Name von Jesus, Maria und Josef.
seien immer gepriesen.

STRUKTUR JEDES GESÄTZCHENS

*Darlegung des Geheimnisses mit den treffenden Bibelversen. Unter
besonderen Umständen kann man die vorgestellten Geheimnisse mit
anderen, für die Betrachtung nützlichen auswechseln, die direkt aus
den Evangelien stammen.*

Kurze Pause zum Nachdenken

Vaterunser
10 Ave Maria
Ehre sei dem Vater

Anrufung nach den Ortsbräuchen

FAKULTATIVE GEBETE

"O mein Jesus, verzeih uns unsere Sünden, bewahre uns vor dem Feuer der Hölle, führe alle Seelen in den Himmel, besonders jene, die deiner Barmherzigkeit am meisten bedürfen".

(Die Jungfrau in Fatima, 13 Juli 1917)

Mein Gott, ich glaube an Dich, ich bete Dich an, ich hoffe auf Dich und liebe Dich.
Ich bitte um Verzeihung für all jene, die nicht glauben, nicht anbeten, nicht hoffen und Dich nicht lieben.
Heilige Dreifaltigkeit, Vater, Sohn und Heiliger Geist: Ich bete Dich zutiefst an und opfere Dir den kostbaren Leib, das Blut, die Seele und die Gottheit von Jesus Christus auf, Der in allen Tabernakeln der Welt ist, um die Schmähungen, die Gotteslästerungen und die Gleichgültigkeit, mit denen Er beleidigt wird, wiedergutzumachen.
Und durch die vielen Verdienste seines allerheiligsten Herzens und durch das Unbefleckte Herz Mariens bitte ich Dich um die Bekehrung der armen Sünder.

(der Friedensengel zu den drei Kindern von Fatima, Frühling 1916)

Königin des Friedens
Bitte für uns.

AN DIE UNBEFLECKTE BRAUT DES HEILIGEN GEISTES

Gebet, das man nach jedem Gesätzchen des Rosenkranzes beten soll

O Unbefleckte Braut des Heiliges Geistes, durch die Macht, die Dir der ewige Vater über die Engel und die Erzengel verliehen hat: sende uns die himmlischen Heerscharen unter der Führung des Heiligen Erzengels Michael, um uns vom Bösen zu befreien und uns zu heilen.

Raffaello (1483-1520)
Heimsuchung Mariä

Freudenreiche Geheimnisse

ANFANGSGEBET

Mein Herr und mein Gott, ich will mich
ganz aufopfern.
Gib meinem Herzen Ruhe und Frieden.
Hilf mir, mich selbst innerlich ganz zu vergessen.
Laß nicht zu, daß meine Worte leer bleiben.
Erleuchte meinen Geist
und eröffne mein Herz, damit Dein Wort
in mir wachsen kann,
so wie es im reinsten Schoß
der Jungfrau gewachsen ist,
nachdem sie sich mit Demut als Deine Magd bekannt
hat.
Verfüge Du nach Deinem Willen über mich
als Dein treuer Diener.
Ich glaube an Dich, Vater, an Deinen Sohn
und an den Heiligen Geist. Amen

Sandro Botticelli (1444-1510)
Die Verkündigung

1° Freudenreiches Geheimnis

DIE VERKÜNDIGUNG DURCH DEN ENGEL GABRIEL AN MARIA.

Aus dem Evangelium nach Lukas 1,26-38

Im sechsten Monat wurde der Engel Gabriel von Gott in eine Stadt in Galiläa namens Nazaret zu einer Jungfrau gesandt. Sie war mit einem Mann namens Josef verlobt, der aus dem Haus David stammte. Der Name der Jungfrau war Maria. Der Engel trat bei ihr ein und sagte: Sei gegrüßt, du Begnadete, der Herr ist mit dir. Sie erschrank über die Anrede und überlegte, was dieser Gruß zu bedeuten habe. Da sagte der Engel zu ihr: Fürchte dich nicht, Maria; denn du hast bei Gott Gnade gefunden. Du wirst ein Kind empfangen, einen Sohn wirst du gebären: dem sollst du den Namen Jesus geben. Er wird groß sein und Sohn des Höchsten genannt werden. Gott, der Herr, wird ihm den Thron seines Vaters David geben. Er wird über das Haus Jakob in Ewigkeit herrschen, und seine Herrschaft wird kein Ende haben. Maria sagte zu dem Engel: Wie soll das geschehen, da ich keinen Mann erkenne? Der Engel antwortete ihr: Der Heilige Geist wird über dich kommen, und die Kraft des Höchsten wird dich überschatten. Deshalb wird auch das Kind heilig und Sohn Gottes genannt werden. Auch Elisabet, deine Verwandte, hat noch in ihrem Alter einen Sohn empfangen; obwohl sie als unfruchtbar galt, ist sie jetzt schon im sechsten Monat. Denn für Gott ist nichts unmöglich. Da sagte Maria: Ich bin die Magd des Herrn; mir geschehe, wie du es gesagt hast. Danach verließ sie der Engel.

MEDITATION ÜBER DAS GEHEIMNIS

Erste Meditation

O Maria, als du vielleicht andere Lebenspläne hattest, ist Gott mit Seinem außerordentlichen Plan in Dein Leben eingetreten. Und Du, als Seine demütige Dienerin, hast Ihm die Türe deines Herzens geöffnet. Dein Beispiel spornt mich an, mich dem Herrn zuzuwenden, um Ihm zu sagen: "Komm, Herr! Komm, meine Seele wartet mit Begeisterung auf Dich und mein Herz ist bereit, Dich zu empfangen. Komm in meine Träume und in meine Vorhaben, in meine Hoffnungen und in meine Ängste. Trete ein in mein Leben, und ich werde für mein ganzes Leben dein Diener sein. Ich weiß, daß ich nicht würdig bin, daß du in mich eintrittst, aber ich weiß, daß Du die Sünder liebst und Du sie immer suchst. Deshalb, Herr, trete in meine Dunkelheit, in meine Ängste, in meine Leiden. Trete dort ein, von wo Du mit der Sünde verjagt wurdest. Trete auch in die Winkel meines Lebens, wo ich meinen Willen mehr als den Deinen geliebt habe".
Maria, führe mich, leite meine Schritte.
Hilf mir, demütig und folgsam zu sein.
Hilf mir, verfügbar zu sein.
Danke, Maria.

Zweite Meditation

Du, Maria, hast dem Engel geantwortet: "Mir geschehe, wie Du es gesagt hast". Ebenso lebe in unserem Herzen das Gotteswort, Jesus Christus, Dein Sohn."
Unser Herz soll Ihm heute eine angenehme Wohnung sein, damit Er in uns wachsen kann.
(Empfehlen wir uns im Schweigen einander: die Eltern den Kindern, die Kinder den Eltern und ebenso auch die übrigen Personen der Familie)

Meditation von Pater Pio

Denkt nach und habt immer die große Demut der Mutter Gottes und unserer Mutter vor Augen. Je mehr sich die Gnade des Himmels in Ihr vermehrt hat, desto demütiger wurde Sie, so sehr, daß sie in demselben Moment, als Sie vom Heiligen Geist überschattet wurde, singen konnte: "Hier ist die Dienerin des Herrn".

(Briefe II, S.419)

Meditation von Mutter Speranza

Sich Gott hingeben ist das ewige "Fiat" in allen Begebenheiten, ist der einfache und kindliche Wunsch, daß sich der Wille Gottes in allem verwirkliche, ist das vollständige Vertrauen in den Willen von Jesus Christus; es bedeutet, sich von Ihm wie ein Kind in den Armen seiner Mutter führen zu lassen.

Aus der Enzyklika "Veritatis Splendor"

Das sittliche Leben erscheint als geschuldete Antwort auf die freien Iniziativen, die Gottes Liebe dem Menschen unbegrenzt zuteil werden läßt. Es ist nach der Aussage, die das Buch Deuteronomium über das grundlegende Gebot macht, eine Antwort der Liebe: "Höre Israel: Jahwe, unser Gott, Jahwe ist einzig. Darum sollst du den Herrn, deinen Gott, lieben mit ganzem Herzen, mit ganzer Seele und mit ganzer Kraft."

(VS 10)

Raffaello (1483-1520)
Die Verkündigung

2° Freudenreiches Geheimnis

DIE MUTTER GOTTES BESUCHT
DIE HEILIGE ELISABETH

Aus dem Evangelium nach Lukas 1, 39-45

Nach einigen Tagen machte sich Maria auf den Weg und eilte in eine Stadt im Bergland von Judäa. Sie ging in das Haus des Zacharias und begrüßte Elisabet. Als Elisabet den Gruß Marias hörte, hüpfte das Kind in ihrem Leib. Da wurde Elisabet vom Heiligen Geist erfüllt und rief mit lauter Stimme: Gesegnet bist du mehr als alle anderen Frauen, und gesegnet ist die Frucht deines Leibes. Wer bin ich, daß die Mutter meines Herrn zu mir kommt? In dem Augenblick, als ich deinen Gruß hörte, hüpfte das Kind vor Freude in meinem Leib. Seilig ist die, die geglaubt hat, daß sich erfüllt, was der Herr ihr sagen ließ.

MEDITATION ÜBER DAS GEHEIMNIS

Erste Meditation

O Maria, du besuchtest Deine Verwandte Elisabeth. Es ist Gottes Wille, daß wir Jesus ins Leben unserer Mitmenschen bringen, wenn Er in unser Leben eintritt; daß wir Ihn in die Freuden und Leiden der anderen, in das Dunkel und in die Bitterkeiten der anderen bringen. Deshalb, o Maria, mach, daß meine Liebe für die Kranken sich so vermehrt und so entwickelt, daß ich in jedem kranken Bruder und in jeder kranken Schwester Deinen Sohn Jesus sehe. O Maria, ich bitte Dich, besuche jedes Haus meiner Pfarrei. Ich bitte Dich, besuche die alleinstehenden und verlassenen Leute und die Häuser, wo kein Friede und keine Freude sind, im besonderen stehe den Leuten bei, die Liebe und Wahrheit brauchen. O Herr, sende Maria, unsere Mutter, zu allen leeren und gefühllosen Personen, damit Sie, Mutter deines Sohnes, sie zu Jesus bringe.

Zweite Meditation

Maria, du besuchtest deine Verwandte. Sie hat dich: "Du, gesegnete unter allen Frauen" genannt und Du hast mit Freude geantwortet. "Meine Seele verherrlicht den Herrn". Dann habt ihr zusammen gebetet. Maria, mach, daß durch deine Fürbitte die Freude in unsere Familie eintritt, und daß wir alle zusammen Dich grüßen und Dich mit Freude empfangen. Hilf uns, daß wir uns übereinander freuen können, die Eltern über die Kinder und die Kinder über die Eltern, die jungen Leute über die Alten, so wie die Alten über die Jungen, die Gesunden über die Kranken und die Kranken über die Gesunden.

(Schweigend empfehlen wir uns einander an, und mit Freude stellen wir fest, daß die anderen mit uns und für uns hier sind).

Meditation von Pater Pio

Die Seele, die nach der Vollendung strebt, braucht die Barmherzigkeit als erste Tugend. Die erste Bewegung, die erste Wucht aller natürlichen Dingen ist die, nach der Mitte zu streben und zu gehen: es ist ein physikalisches Gesetz; dasselbe geschieht in den überirdischen Dingen: die erste Bewegung in unserem Herzen strebt nach Gott, was nichts anderes heißt, als Seine eigene wahre Güte zu lieben. Die Barmherzigkeit wird in der Bibel zu recht "Band der Vollkommenheit" genannt.

(Briefe II, S.200)

Meditation von Mutter Speranza

Jesus hält jeden Dienst, und sei er auch dem Geringsten erwiesen worden, für einen Ihm erwiesen Dienst. Wir alle wissen, daß Jesus sich an Großherzigkeit nicht übertreffen läßt: Er hat uns versprochen, uns hundertfach mit Gnade zu belohnen, wenn wir für Ihn unserem Nächsten den mindesten Dienst erweisen.

Aus der Enzyklika "Veritatis Splendor"

So ist das in die unverdiente Liebe Gottes eingebettete sittliche Leben dazu berufen, Gottes Herrlichkeit widerzuspiegeln. "Für den, der Gott liebt, genügt es, dem zu gefallen, den er liebt: er braucht nach keinem anderen, größeren Entgelt für diese Liebe zu suchen; denn die Liebe stammt so von Gott, daß Gott selbst Liebe ist."

(VS 10)

Parmigianino (1503-1540)
Christi Geburt

3° Freudenreiches Geheimnis

GEBURT JESU IN DER GROTTE ZU BETHLEHEM

Aus dem Evangelium nach Lukas 2, 1-7

"In jenen Tagen erließ Kaiser Augustus den Befehl, alle Bewohner des Reiches in Steuerlisten einzutragen. Dies geschah zum erstenmal; damals war Quirinius Statthalter von Syrien. Da ging jeder in seine Stadt, um sich eintragen zu lassen. So zog auch Josef von der Stadt Nazaret in Galiläa hinauf nach Judäa in die Stadt Davids, die Bethlehem heißt; denn er war aus dem Haus und Geschlecht Davids. Er wollte sich eintragen lassen mit Maria, seiner Verlobten, die ein Kind erwartete. Als sie dort waren, kam für Maria die Zeit ihrer Niederkunft, und sie gebar ihren Sohn, den Erstgeborenen. Sie wickelte ihn in Windeln und legte ihn in eine Krippe, weil in der Herberge kein Platz für sie war."

MEDITATION ÜBER DAS GEHEIMNIS

Erste Meditation

Jesus, Du bist im Stall geboren. Du konntest nicht wie andere in einer Familie, in einem Haus geboren werden, weil diese verschlossen, voller Angst und Egoismus waren. Sie hatten Angst, ein Opfer zu bringen, um deiner Mutter zu helfen, und dachten: "Die anderen können es vielleicht, ich nicht". Jesus, zerstöre unseren Egoismus mit deiner Demut und mit deiner Liebe. O Maria, ich will Dich nicht nur aufnehmen, sondern komm zu mir, ich möchte mit Dir leben. Ich möchte, daß Du zu mir in meine Familie kommst, ich will meine Familie so gestalten, wie Du es gerne hast, so wie Du gelebt hast, ich halte Dich für die Mutter meiner Familie. Ich will für die Menschen beten, die leiden, die von den anderen abgelehnt werden und die sich schlecht fühlen. Tröste alle und erleuchte alle, damit sie alles ertragen und den Frieden und die Freude erlangen.

O Herr, erleuchte mich, um mein Herz zu öffnen.

Zweite Meditation

O Maria, Du hast Jesus in Bethlehem mit Freude als Deinen Sohn angenommen. Wir danken Dir. Man hörte die Engel singen: Ehre sei Gott, in der Höhe und Friede auf Erden für die Menschen, die guten Willens sind. O Maria, hilf uns und lehre uns, das Leben als ein Geschenk anzunehmen. Laß die Eltern sich mit ihren Kindern freuen und sie in Liebe als das größte Geschenk annehmen, laß die Kinder mit derselben Liebe antworten, daß jeder guten Willens sei, daß jede Familie der Mittelpunkt des Lebens, der Freude und der Liebe sei.

(Die Eltern danken in Stille für ihre Kinder, und die Kinder für ihre Eltern).

Meditation von Pater Pio

Wieviele und welche Lehren, o Brüder, stammen von der Grotte von Bethlehem! O wie man sich voll in Liebe für Den, der Zärtlichkeit für uns wurde, entbrannt fühlen sollte! O wie wir darauf brennen sollten, die ganze Welt zu dieser Grotte zu führen, Zuflucht des Königs der Könige, größer als jedes menschliche Königsschloß, weil sie das bescheidene Haus und der Thron Gottes ist! Bitten wir dieses Heilige Kind, uns mit Demut auszustatten, weil wir nur mit dieser Tugend dieses Geheimnis voll von heiligen Zärtlichkeit genießen können.

(Briefe IV S.971-972)

Meditation von Mutter Speranza

Jesus ist auf die Erde gekommen, um dem Menschen das Leben zu geben, das Heilige Leben, voll und reichlich, Ausstrahlung desselben von Jesus, der Weg, Wahrheit und Leben ist.

Aus der Enzyklika "Veritatis Splendor"

Maria ist leuchtendes Zeichen und faszinierendes Vorbild moralischen Lebens: "Ihr Leben allein ist Vorbild für alle" schreibt der Heilige Ambrosius. "Die erste brennende Sehnsucht zu lernen verleiht der Adel des Meisters. Und wer ist adler als die Mutter Gottes oder glanzvoller als die, die vom Glanz selbst erwählt wurde?".

(VS 120)

Beato Angelico (1387-1455)
Jesu Vorstellung im Tempel

4° Freudenreiches Geheimnis

JESUS WIRD IM TEMPEL
VON MARIA UND JOSEF AUFGEOPFERT

Aus dem Evangelium nach Lukas 2, 21-35

Als acht Tage vorüber waren und das Kind beschnitten werden sollte, gab man ihm den Namen Jesus, den der Engel genannt hatte, noch ehe das Kind im Schoß seiner Mutter empfangen wurde. Dann kam für sie der Tag, der vom Gesetz des Mose vorgeschriebenen Reinigung. Sie brachten das Kind nach Jerusalem hinauf, um es dem Herrn zu weihen, gemäß dem Gesetz des Herrn, in dem es heißt: Jede männliche Erstgeburt soll dem Herrn geweiht sein. Auch wollten sie ihr Opfer darbringen, wie es das Gesetz des Herrn vorschreibt: ein Paar Turteltauben oder zwei junge Tauben. In Jerusalem lebte damals ein Mann, namens Simeon. Er war gerecht und fromm und wartete auf die Rettung Israels, und der Heilige Geist ruhte auf ihm. Vom Heiligen Geist war ihm offenbart worden, er werde den Tod nicht schauen, ehe er den Messias des Herrn gesehen habe. Jetzt wurde er vom Geist in den Tempel geführt; und als die Eltern Jesus hereinbrachten, um zu erfüllen, was nach dem Gesetz üblich war, nahm Simeon das Kind in seine Arme und pries Gott mit den Worten: Nun läßt du, Herr, deinen Knecht, wie du gesagt hast, in Frieden scheiden. Denn meine Augen haben das Heil gesehen, das du vor allen Völkern bereitet hast, ein Licht, das die Heiden erleuchtet, und Herrlichkeit für dein Volk Israel. Sein Vater und seine Mutter staunten über die Worte, die über Jesus gesagt wurden. Und Simeon segnete sie und sagte zu Maria, der Mutter Jesu: Dieser ist dazu bestimmt, daß in Israel viele durch ihn zu Fall kommen und viele aufgerichtet werden, und er wird ein Zeichen sein, dem widersprochen wird. Dadurch sollen die Gedanken vieler Menschen offenbar werden. Dir selbst aber wird ein Schwert durch die Seele dringen.

MEDITATION ÜBER DAS GEHEIMNIS

Erste Meditation

O Maria, ich folge Dir, während Du dem Heiligen Vater deinen erstgeborenen Sohn anbietest, weil sich durch Ihn die Rettung verwirklicht. Als Du Ihn aufgeopfert hast, hast Du sicher gesagt: "Hier ist, o Gott, mein Sohn; Er ist die Frucht meines Leibes, aber Er gehört Dir, wie ich Dir immer gehören will". Mit Dir, o Maria, bin auch ich im Tempel vor dem Herrn, und nach deinem Beispiel opfere ich mich Dir. Alles habe ich bekommen und alles gebe ich Ihm. Ich will nichts für mich behalten, weder vor Gott noch vor den Menschen. Ich will für die Menschen, die es schwer haben, beten. Hilf allen, erleuchte alle. Mutter, ich bitte Dich für alle Eltern, damit sie immer dafür sorgen, ihre Kinder zu Jesus und zum Vater zu bringen, und ihre Kinder im Glauben an die Kirche, zu Gott, zu bringen und dort verweilen zu lassen.

Zweite Meditation

O Maria, Du gehorchst dem Gesetz; indem Du im Tempel Deinen Sohn Jesus, zusammen mit Josef, aufgeopfert hast. Der alte Simeon erkennt ihn und freut sich. Die vom Heiligen Geist erleuchtete Prophetin Anna betet, singt und dankt Gott für die erfüllten Versprechungen. O Maria, heute stellen wir uns mit Dir vor den Herrn, vereinigt wie eine einzige Familie und Du, stelle uns vor Christus, Den Retter und laß uns freudig miteinander, diese Weihe und diese Hingabe an Ihn erleben.

(Stellen wir uns dem Herrn in Stille vor, die Kinder stellen die Eltern und die Eltern die Kinder vor).

Meditation von Pater Pio

Dieses Heilige Wort wollte mit seinem ganzen und freien Willen bis zu uns niedersteigen, während Er seine heilige Natur unter dem Schleier des menschlichen Fleisches versteckte. So sehr, sagt der Heilige Paulus, demütigte sich das Gotteswort, daß es nicht tiefer fallen konnte; Er entäußerte sich selbst, als Er die Form des Dieners annahm. "Er wollte seine Heilige Natur so sehr verstecken, daß er die Ähnlichkeit des Menschen annahm, und er unterwarf sich auch dem Hunger, dem Durst, der Müdigkeit; und mit den Worten des Apostels der Menschen ausgedrückt: Wie wir wurde er in allem versucht, außer der Sünde".

(Briefe II, S.222)

Meditation von Mutter Speranza

Dein Heiliger Wille geschehe, o mein Gott, auch wenn es mich viel kostet. O mein Gott, dein Heiliger Wille geschehe, auch wenn ich ihn nicht verstehe. O mein Gott, dein Heiliger Wille geschehe, auch wenn ich ihn nicht sehen kann.

Aus der Enzyklika "Veritatis Splendor"

Maria lebt und verwirklicht ihre Freiheit dadurch, daß sie sich Gott hingibt und in sich die Hingabe Gottes empfängt. Sie hütet in ihrem jungfräulichen Schoß den menschgewordenen Gottes bis zum Augenblick der Geburt, sie nährt ihn, sie zieht ihn auf und begleitet ihn in jener höchsten Haltung der Freiheit, die das vollständige Opfer des eigenen Lebens ist. Mit ihrer Selbsthingabe tritt Maria voll in den Plan Gottes ein, der sich der Welt hingibt."

(VS 120)

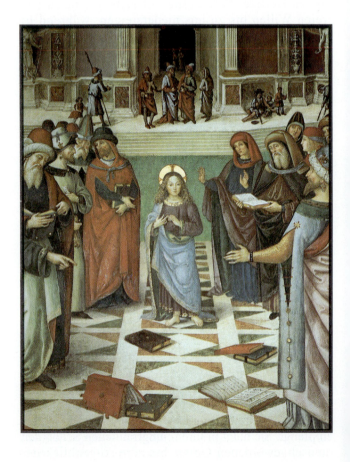

Pinturicchio
Disputation Jesu mit den Lehrern

5° Freudenreiches Geheimnis

DIE AUFFINDUNG JESUS UNTER DEN LEHRERN IM TEMPEL

Aus dem Evangelium nach Lukas 2,41-52

Die Eltern Jesu gingen jedes Jahr zum Paschafest nach Jerusalem. Als er zwölf Jahre alt geworden war, zogen sie wieder hinauf, wie es dem Festbrauch entsprach. Nachdem die Festtage zu Ende waren, machten sie sich auf den Heimweg. Der junge Jesus aber blieb in Jerusalem, ohne daß seine Eltern es merkten. Sie meinten, er sei irgendwo in der Pilgergruppe, und reisten eine Tagesstrecke weit; dann suchten sie ihn bei den Verwandten und Bekannten. Als sie ihn nicht fanden, kehrten sie nach Jerusalem zurück und suchten ihn dort. Nach drei Tagen fanden sie ihn im Tempel; er saß mitten unter den Lehrern, hörte ihnen zu und stellte Fragen. Alle, die ihn hörten, waren erstaunt über sein Verständnis und über seine Antworten. Als seine Eltern ihn sahen, waren sie sehr betroffen, und seine Mutter sagte zu ihm: Kind, wie konntest du uns das antun? Dein Vater und ich haben dich voll Angst gesucht. Da sagte er zu ihnen: Warum habt ihr mich gesucht? Wußtet ihr nicht, daß ich in dem sein muß, was meinem Vater gehört? Doch sie verstanden nicht, was er damit sagen wollte. Dann kehrte er mit ihnen nach Nazaret zurück und war ihnen gehorsam. Seine Mutter bewahrte alles, was geschehen war, in ihrem Herzen. Jesus aber wuchs heran, und seine Weisheit nahm zu, und er fand Gefallen bei Gott und den Menschen.

MEDITATION ÜBER DAS GEHEIMNIS

Erste Meditation

Maria und Josef hatten weder Freude noch Frieden, sie konnten nicht schlafen, weil Ihnen Ihr Sohn fehlte. Herr, ich möchte für die Eltern, die ihre Kinder verloren haben, beten. Ich möchte beten, daß sie ihre Kinder finden, daß die Kinder die christliche Familie, die sie verloren haben, finden, daß sie Dich finden können, weil sie Dich verloren haben, daß sie das Gebet, das sie verloren haben, finden. Jesus, lege den Wunsch in die Herzen aller Mütter, daß sie ihre Kinder suchen und finden, daß sie ihre Kinder, die verloren sind, suchen. Die Kinder, die sich im Rauschgift, im Alkoholismus, im Atheismus, im Sex auf dem Weg verloren haben, die Kinder, die sich von der Kirche entfernen, die nicht beim Vater, bei den Eltern sind.

Herr, wir sind versucht; viele Familien leiden und haben keinen Frieden. Ich bitte Dich um Frieden, um Dich zu finden, o Jesus. Tröste die Eltern, ändere die Herzen, damit die Eltern Deinem Weg, Deinen Geboten, Deiner Stimme, Deinem Wort folgen, hilf uns, o Herr.

Zweite Meditation

O Maria, Du hast Jesus auf der Pilgerfahrt zum Tempel in Jerusalem geführt. Du warst drei Tage traurig, weil Du Jesus verloren hattest. Später hast Du Ihn gefunden und hast Ihn nach Nazaret geführt, wo Du Ihn gelehrt hast, während Er an Weisheit gewann und die Gnade Gottes mit Ihm war. Wenn wir uns heute verirren, komm uns zu suchen und führe uns in die Einheit der Familie, erziehe uns und lehre uns; Mach, daß die Gnade Gottes mit den Kindern und den Eltern sei, und daß wir alle zusammen heute an Weisheit vor Gott und den Menschen gewinnen.

Meditation von Pater Pio

Laß nicht zu, o lieber Jesus, daß ich ein wertvolles Geschenk, wie Du es für mich bist, verliere. Mein Gott und Herr, zu lebendig ist die unsagbare Zärtlichkeit, die von Deinen Augen kommt, in meiner Seele. Wie kann die Qual meines Herzens gelindert werden, wenn ich fern von Dir bin? Meine Seele kennt meinen schrecklichen Kampf, wenn Du dich vor mir versteckst.

(Briefe II, S.200)

Meditation von Mutter Speranza

Wir sollen glauben, daß Gott wie ein engster Freund in uns lebt...

Die Person, die Gott liebt, ist glücklich und freut sich immer über seine Anwesenheit. Sie hat verstanden, daß man keinen Schritt machen muß, um mit Ihm zu verhandeln, weil der Herr in uns wohnt und lebt.

Aus der Enzyklika "Veritatis Splendor"

Maria teilt unsere menschliche Situation, aber in völliger Transparenz für die Gnade Gottes. Obwohl sie die Sünde nicht kannte, ist sie in der Lage, mit jeder Schwäche mitzuleiden. Sie versteht den Sünder und liebt ihn mit mütterlicher Liebe. Eben deshalb steht Sie auf der Seite der Wahrheit und teilt die Last der Kirche, alle Menschen beständig auf die moralischen Forderungen hinzuweisen.

(VS 120)

Soloma (1477-1549)
Christus an der Säule

Die schmerzhaften Geheimnisse

Anfangsgebet

Mein Herr, Dein Kommen auf diese Erde
ist wunderbar gewesen.
Wunderbar, weil du bereit warst zu leiden,
wie die Menschen leiden.
Das Kreuz wurde Dir nicht erspart,
aber Du warst immer bereit
den Schmerz anderer zu lindern,
ihr Kreuz mitzutragen, zu heilen und zu trösten.
Jetzt ist eine besondere Stunde gekommen.
Dein persönlicher Leidensweg hat sich genähert.
Der Tod hat sich genähert,
dem Du nicht entrinnen können wirst.
Ich will weder schlummern noch schlafen,
sondern bei Dir bleiben.
Ich möchte, o Jesus,
daß mein Gebet Trost bringt
den Brüdern und den Schwestern, die leiden.
Ich möchte, daß Du ihnen Freude und Kraft bringst.
Gieß Deinen Geist über mich aus,
so daß ich beten lerne und mich Dir nähere.
Amen

Sandro Botticelli (1444-1510)
Gebet im Ölgarten

1° Schmerzhaftes Geheimnis

DAS LEIDEN JESU IN GETSEMANI

Aus dem Evangelium nach Matthäus 26,36-46

Darauf kam Jesus mit den Jüngern zu einem Grundstück, das man Getsemani nennt, und sagte zu ihnen: Setzt euch und wartet hier, während ich dort bete. Und er nahm Petrus und die beiden Söhne des Zebedäus mit sich. Da ergriff ihn Angst und Traurigkeit, und er sagte zu ihnen: Meine Seele ist zu Tode betrübt. Bleibt hier und wacht mit mir! Und er ging ein Stück weiter, warf sich zu Boden und betete: Mein Vater, wenn es möglich ist, gehe dieser Kelch an mir vorüber. Aber nicht wie ich will, sondern wie du willst. Und er ging zu den Jüngern zurück und fand sie schlafend. Da sagte er zu Petrus: Konntet ihr nicht einmal eine Stunde mit mir wachen? Wacht und betet, damit ihr nicht in Versuchung geratet. Der Geist ist willig, aber das Fleisch ist schwach. Dann ging er zum zweitenmal weg und betete: Mein Vater, wenn dieser Kelch an mir nicht vorübergehen kann, ohne daß ich ihn trinke, geschehe dein Wille. Als er zurückkam, fand er sie wieder schlafend, denn die Augen waren ihnen zugefallen. Und er ging wieder von ihnen weg und betete zum drittenmal mit den gleichen Worten. Danach kehrte er zu den Jüngern zurück und sagte zu ihnen: Schlaft ihr immer noch und ruht euch aus? Die Stunde ist gekommen; jetzt wird der Menschensohn den Sündern ausgeliefert. Steht auf, wir wollen gehen! Seht, der Verräter, der mich ausliefert, ist da.

MEDITATION ÜBER DAS GEHEIMNIS

Erste Meditation

Jesus, Du hast im Garten Getsemani Blut geschwitzt. Du hast Deinen Vater gebeten, den bitteren Kelch von Dir zu entfernen, aber Du hast sofort zugefügt: "Vater, dein Wille geschehe!" Du hast vielen leidenden Menschen geholfen, Du bist in der Passion allein gewesen. Es war ein großes Leiden, das Dich Blut schwitzen ließ. Jede Passion und jedes Leiden der Welt waren dort. Jesus, danke für jeden Blutstropfen, den Du vergossen hast. Seit diesem Moment ist das Leiden der Welt ein erlösendes Leiden. Ich bitte Dich, im Namen deines Schweißes, sorge für alle, die jetzt den Willen des Vaters suchen, hilf auch denen, die ihn erkannt haben, aber zu schwach sind, ihn anzunehmen. Mach, daß jedes Leiden heilig werde zu deiner Ehre, und zum Wohl all unserer Brüder. Lehre uns beten, o Jesus, ermutige uns im Gebet.

Zweite Meditation

Jesus, Du betest im Garten Getsemani, während die Apostel schlafen. Der einzige, der wach ist, hat den Verrat organisiert. Und dann hast du gesagt: Vater, dein Wille geschehe! Der Schweiß, das Blut, die Todesangst und die Bedrängnis, die Hingabe an den Willen Gottes, die ewige Gottesliebe und die Leiden für uns: das war die Wirklichkeit deines Momentes. Jesus, wie eine Familie bringen wir jetzt vor Dich all die Momente, in denen wir einander nicht verstanden haben, in denen wir einander verraten haben, weil wir nicht sofort verziehen haben, weil wir nicht liebten, als wir vor dem Kreuz flohen und vor denen, die litten und allein blieben.Verzeihe uns! *(Wir werden uns still der Spannungen bewußt, die in unserer Familie vorkommen, wir bringen die Familienmitglieder, die nicht hier sind, oder die Menschen, die nicht beten, dar).*

Meditation von Pater Pio

Jesus, zu Tode betrübt, schreit zum Vater. "Wenn es möglich ist, laß diesen Kelch an mir vorübergehen". Das ist der Schrei der bedrückten und vertrauenden Natur, die die Hilfe des Himmels anruft; Er betet, auch wenn Er weiß, daß nicht erfüllt werden wird, um was Er bittet, weil Gott es so will. Mein Jesus, warum bittest Du, daß Dir erfüllt werde, was du nicht willst? Das Leiden und die Liebe, hier ist das große Geheimnis! Das Leiden, das Dich bedrückt, bringt Dich dazu, um Hilfe und Trost zu bitten. Die Liebe, die die heilige Gerechtigkeit zufrieden stellt und die uns zu Gott zurückführt, läßt Dich schreien: "Nicht mein, sondern dein Wille geschehe".

(Briefe IV, S.898)

Meditation von Mutter Speranza

Das Kreuz, das Du, Jesus, mir senden willst, sei mir nützlich, um Dich mehr zu lieben und die Anderen zu lehren, daß die Liebe erst durch das Leiden verstanden wird. Mach, mein Jesus, daß ich mit Leidenschaft das Kreuz liebe, und daß ich ohne es nicht leben kann, bis mich der Tod für die Ewigkeit mit Dir vereint.

Aus der Enzyklika "Veritatis Splendor"

Der Glaube ist eine Entscheidung, die die gesamte Existenz in Anspruch nimmt. Er ist Begegnung, Dialog, Liebes-und Lebensgemeinschaft des Glaubenden mit Jesus Christus, der der Weg, die Wahrheit und das Leben ist. Er schließt einen Akt des Vertrauens und der Hingabe an Christus ein und gewährt uns zu leben, wie Er gelebt hat, das heißt in der je größeren Liebe zu Gott und zu den Brüdern.

(VS 88)

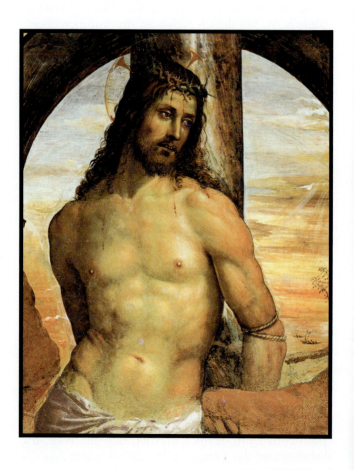

Sodoma (1477-1549)
Christus an der Säule

2° Schmerzhaftes Geheimnis

DIE GEIBELUNG JESU AN DER SÄULE

Aus dem Evangelium nach Matthäus 27,11-26

Als Christus vor dem Statthalter stand, fragte ihn dieser: Bist du der König der Juden? Jesus antwortete: Du sagst es. Als aber die Hohenpriester und die Ältesten ihn anklagten, gab er keine Anwort. Da sagte Pilatus zu ihm: Hörst du nicht, was sie dir alles vorwerfen? Er aber antwortete ihm auf keine einzige Frage, so daß der Statthalter sehr verwundert war. Jeweils zum Fest pflegte der Statthalter einen Gefangenen freizulassen, den sich das Volk auswählen konnte. Damals war gerade ein ber‚chtiger Mann namens Barabbas im Gefängnis. Pilatus fragte nun die Menge, die zusammengekommen war: Was wollt ihr! Wen soll ich freilassen, Barabbas oder Jesus, den man den Messias nennt? Er wußte nämlich, daß man Jesus nur aus Neid an ihn ausgeliefert hatte. Während Pilatus auf dem Richterstuhl saß, ließ ihm seine Frau sagen: Laß die Hände von diesem Mann, er ist unschuldig. Ich hatte seinetwegen heute nacht einen schrecklichen Traum. Inzwischen überredeten die Hohenpriester und die Ältesten die Menge, die Freilassung des Barabbas zu fordern, Jesus aber hinrichten zu lassen. Der Statthalter fragte sie: Wen von beiden soll ich freilassen? Sie riefen: Barabbas! Pilatus sagte zu ihnen: Was soll ich dann mit Jesus tun, den man den Messias nennt? Da schrien sie alle: Ans Kreuz mit ihm! Er erwiderte: Was für ein Verbrechen hat er denn begannen? Da schrien sie noch lauter: Ans Kreuz mit ihm! Als Pilatus sah, daß er nichts erreichte, sondern daß der Tumult immer größer wurde, ließ er Wasser bringen, wusch sich vor allen Leuten die Hände und sagte: Ich bin unschuldig am Blut dieses Menschen. Das ist eure Sache! Da rief das ganze Volk: Sein Blut komme über uns und unsere Kinder! Darauf ließ er Barabbas frei und gab den Befehl, Jesus zu geißeln und zu kreuzigen.

MEDITATION ÜBER DAS GEHEIMNIS

Erste Meditation

Jesus, sie haben Dich grausam gegeißelt, aber Du hast denen verziehen, die Dich ohne Mitleid geschlagen haben. Ich danke Dir, Jesus, ich bete Dich an und ich liebe Dich. Ich bitte Dich, o Herr, lehre auch mich, meinen Brüdern, die mich beleidigen, die über mich lachen, die mich mißhandeln zu verzeihen. Laß, o mein Gott, daß ich für jeden Peitschenhieb, der mir gegeben wird, sagen kann: "Verzeihe ihnen, Vater, denn sie wissen nicht, was sie tun!". Hilf mir, Jesus, auch im Leiden Deinen Willen zu erkennen! Heile mich, Herr, von meinem Hochmut. Jesus, reinige mich mit Deiner Demut von allen Sünden, von meinem Stolz.

Zweite Meditation

Jesus, sie haben Dich im Prätorium von Pilatus gegeißelt. Die Peitschenhiebe, die Wunden, das große Leiden, das Blut, die Verspottung, das Geräusch des Peitschenhiebes, die bösen Worte gegen Dich: Während Du still bist und leidest. Herr Jesus, wir geben zu, daß das oft auch in unserer Familie und in vielen Familien passiert. Es gibt nämlich die Peitschenhiebe, die Wunden, die Respektlosigkeit, die Ängste, die Boshaftigkeit, die Gewalt. Deshalb fühlen wir uns oft unbehanglich, haben wir keinen Frieden; wir fühlen uns schlecht, wir suchen, uns gegenseitig zu vermeiden, so entstehen Scheidungen und Treulosigkeiten! Jetzt bitten wir Dich, hilf uns, jedem Peitschenhieb der anderen Widerstand zu leisten, heile die Wunden unserer Familie und aller Familien.

(Wir denken darüber nach, auf welche Weise wir uns gegenseitig Leid verursacht haben. Es wäre gut, miteinander darüber zu sprechen).

Meditation von Pater Pio

Er ist zu den grausamsten Geißelungen verurteilt...
Er, das unschuldige Lamm, allein, verlassen in den Händen der Wölfe, ohne Verteidigung...
Er, der Gottessohn... Das Lamm, das das Opfer zu Ehren des Vaters spontan auf sich genommen hat; desselben Vaters, der Ihn der Gewalt der Hölle zur Rettung der Menschen überlassen hat. Er hat seine Menschlichkeit wie eine Zielscheibe aufgestellt, um alle Schläge der von der Sünde zerstörten Gerechtigkeit auf Sich zu nehmen.

(Briefe IV S.895-896)

Meditation von Mutter Speranza

"Je mehr Jesus liebt, desto mehr prüft Er. Er reinigt seine Kinder, die Er am meisten liebt, indem Er sie prüft. Wo ist das Kind, das nicht vom Vater getadelt wird? Jesus läßt uns leiden, weil das Leiden uns zu Ihm bringt. Wieviel Vertrauen kann der Gedanke geben, daß wir sicher sein können, daß Gott, der Allmächtige, mit uns ist, auch wenn die Prüfungen, die Versuchungen, das Kreuz, die Mühen sehr schwer sind!

Aus der Enzyklika "Veritatis Splendor"

Zunächst offenbart Christus, daß die ehrliche und offene Anerkennung der Wahrheit die Bedingung einer authentischen Freiheit ist: "Ihr werdet die Wahrheit erkennen, und die Wahrheit wird euch frei machen". So spricht es Jesus vor Pilatus aus: "Ich bin dazu geboren und dazu in die Welt gekommen, daß ich für die Wahrheit Zeugnis ablege".

(VS 87)

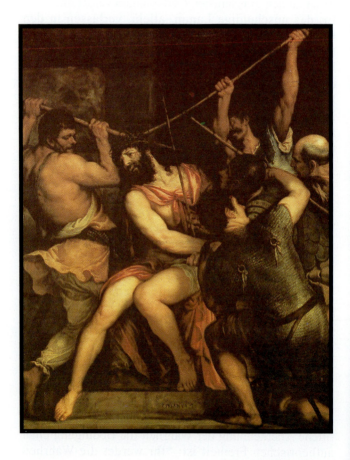

Tiziano (1477/89-1576)
Die Dornenkrönung

3° Schmerzhaftes Geheimnis

JESUS WIRD GEKRÖNT
UND ZUM TOD VERURTEILT

Aus dem Evangelium nach Matthäus 27,27-31

Da nahmen die Soldaten des Stattshalters Jesus, führten ihn in das Prätorium, das Amtsgebäude des Stattshalters, und versammelten die ganze Kohorte um ihn. Sie zogen ihn aus und legten ihm einen purpurroten Mantel um. Dann flochten sie einen Kranz aus Dornen; den setzten sie ihm auf und gaben ihm einen Stock in die rechte Hand. Sie fielen vor ihm auf die Knie und verhöhnten ihn, indem sie riefen: Heil dir, König der Juden! Und sie spuckten ihn an, nahmen ihm den Stock wieder weg und schlugen ihm damit auf den Kopf. Nachdem sie so ihren Spott mit ihm getrieben hatten, nahmen sie ihm den Mantel ab und zogen ihm seine eigenen Kleider wieder an. Dann führten sie Jesus hinaus, um ihn zu kreuzigen.

MEDITATION ÜBER DAS GEHEIMNIS

Erste Meditation

Wie gewaltig ist der Haß der Menschen, er kennt keine Grenze! Nachdem sie Dich gegeißelt haben, o mein Gott, lachen sie jetzt über Dich, und krönen Dich mit Dornen. Wir alle sind Erbauer der neuen Krone, als neue Generation. Im Namen aller, o Jesus, wende deinen Blick allen zu, die beleidigt werden, die gedemütigt und verlacht werden, die verstoßen sind! Mit Deiner Dornenkrone hilf mir, meinen Unterdrückern zu verzeihen. Mach, daß ich nach dem Beispiel Deiner Liebe nie an Rache denke.

Hilf mir immer keinen Bruder durch Worte oder Taten zu verletzen. O Jesus, mach, daß mein Herz mit der Freude der Verzeihung gefüllt sei. Ich will Dich an den ersten Platz stellen, Jesus, weil du mein König bist, und alle Idole zerstören. O Unbeflecktes Herz Mariens, entfache das Licht der Liebe und den Glauben in unseren Herzen, um über alles zu lieben.

Zweite Meditation

Jesus, du wurdest mit Dornen gekrönt. Noch einmal die Demütigung und die Verspottung, weil sie sagten, daß Du Dich zum König erklärt hattest. Inzwischen trägst Du geduldig Deine Dornenkrone! Wir danken Dir, Jesus. Du weißt, wie der Alkoholismus, das Rauschgift, die Treulosigkeit, die Abtreibung, die Gotteslästerung, die Verleumdung, die Eifersucht, die Faulheit, die Pflichtverletzung blutig unsere Häupter und unsere Familien krönen. Mit der Macht Deiner Liebe hilf uns jede Dornenkrone zu zerstören, die wir uns gegenseitig geflochten haben. Hilf den Familien, die diesen Leiden ausgesetzt sind. Mach, daß jede Dornenkrone in einen Lorbeerkranz verwandelt wird.
(Wir werden uns der Situation in der Familie bewußt, und wenn es möglich ist, sprechen wir darüber miteinander).

Meditation von Pater Pio
Er sieht sich mit Dornen gekrönt, verlacht, als König der Narren begrüßt, geschlagen...Ach ja, ich verstehe, Er macht es, um mich zu lehren, daß ich mich bis in das Zentrum der Welt versinken soll, um mit dem Himmel zu verhandeln. Du sinkst so tief vor Deinen Vater, um meinem Hochmut abzuhelfen und um ihn zu sühnen; es geschieht, um seinen Blick auf die Menschheit zu wenden, nachdem Sich Gott nach unserer Auflehnung gegen Ihn zurückgezogen hatte. Mit Deiner Demütigung verzeiht Er den stolzen Menschen. O Jesus, sei immer von allen Menschen für alle Demütigungen, durch die Du uns Gott geschenkt hast und uns mit Ihm in Liebe verbunden hast, gesegnet und gelobt.

(Briefe IV S.897)

Meditation von Mutter Speranza
"Du sagst, Jesus, daß es keine Liebe ist, wenn die Liebe nicht leidet und sich nicht opfert. Welche Belehrung, mein Gott! Ich verstehe, warum deine Liebe so stark ist; jetzt verstehe ich, warum es Feuer ist, das erwärmt, brennt und verzehrt: Du hast sehr gelitten, sehr...!"

Aus der Enzyklika "Veritatis Splendor"
Des weiteren offenbart Jesus mit seiner eigenen Existenz und nicht bloß mit Worten, daß sich die Freiheit in der Liebe, das heißt in der Selbsthingabe, verwirklicht. Er, der sagt: "Es gibt keine größere Liebe, als wenn einer sein Leben für seine Freunde hingibt", geht aus freien Stücken der Passion entgegen und gibt in seinem Gehorsam gegenüber dem Vater am Kreuz sein Leben für alle Menschen hin."

(VS 87)

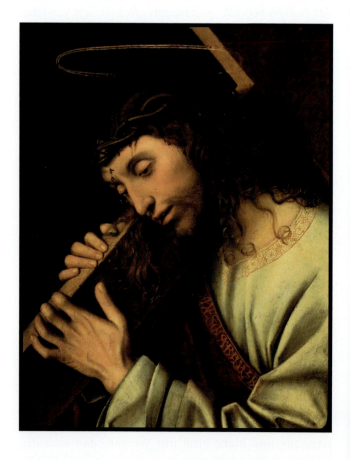

Francesco Maineri (1489-1506)
Christus trägt das Kreuz

4° Schmerzhaftes Geheimnis

JESUS TRÄGT DAS SCHWERE KREUZ
AUF DEN KALVARIENBERG

Aus dem Evangelium nach Lukas 23,26-27

Als sie Jesus hinausführten, ergriffen sie einen Mann aus Zyrene namens Simeon, der gerade vom Feld kam. Ihm luden sie das Kreuz auf, damit er es hinter Jesus hertrage. Es folgte eine große Menschenmenge, darunter auch Frauen, die um ihn klagten und weinten.

MEDITATION ÜBER DAS GEHEIMNIS

Erste Meditation

Danke, Jesus, du hast das Kreuz liebevoll umarmt. Ich danke Dir. Ich bin vor Deinem Kreuz, das heilig geworden ist, niedergekniet. Du schleppst dein Kreuz auf den Kalvarienberg. Es ist so schwer, daß es in Deine Schulter eine tiefe Wunde gehöhlt hat! Wie sehr Du leidest, mein Herr! Und doch erhältst Du in jenem Meer der Schmerzen und Leiden drei kleine Trosttropfen: die Begegnung mit Deiner Mutter, das Schweißtuch von Veronika, die Hilfe von Simon. Jesus, hilf mir, empfänglich für das Leiden der anderen zu sein, und die Leuten, die Hilfe brauchen, zu trösten. Lehr mich, das Kreuz zu lieben, es liebevoll, geduldig, demütig zu schleppen, wie Du es gemacht hast, weil es Gottes Wille ist, daß wir auch in den Schwierigkeiten froh bleiben. Hilf mir, Jesus, empfänglich für die Leiden der anderen zu sein, in den Schwierigkeiten Trost geben zu können und nie zu denken, daß das Kreuz anderer zu tragen schwierig sei.

Zweite Meditation

Jesus, sie haben das Kreuz auf deine Schultern gelegt, und du hast es geduldig getragen. Du hast den Menschen verziehen, die es Dir angetan haben. Als Familie bitten wir Dich: mach, daß wir uns gegenseitig verzeihen, wenn wir einander beleidigen, und daß die Verzeihung in jede Familie eintritt. Hilf den Familien, die von Krankheit und langem Leiden betroffen sind. Hilf jenen Eltern, deren Kinder krank sind, die ihr Kreuz geduldig tragen. Hilf den von ihren Familien verlassenen Kranken und segne sie und hilf den Kindern, die von ihren Familien abgelehnt werden.

(Wir werden uns der Situation der Familie bewußt und fügen, wenn möglich, ein Gebet hinzu).

Meditation von Pater Pio
Er sieht sich verurteilt, auf den Kalvarienberg zu steigen. Müde fällt er mehrmals unter der Last des Kreuzes... Der Mensch muß den unendlichen Beweis Seiner Liebe haben, er muß sehen, bis zu welcher Schmach er Ihn gelangen läßt. Er soll sich vergewissern, daß Seine Liebe nicht überdrüssig wird, für ihn zu leiden und sie nicht aufhört, sondern fortdauert bis zum letzten Leiden am Kreuz... Mein Gott! Mein Jesus! Bist Du nicht der Gott des Himmels und der Erde, gleich deinem Vater? Bist Du nicht der Gott, der sich demütigen läßt, bis Er das Aussehen eines Menschen fast verliert? Du erniedrigst Dich auf dieser Erde, um die Erde mit dem Himmel auszusöhnen, wie, um ihr den Friedenskuß zu geben.

(Briefe IV S.895)

Meditation von Mutter Speranza
"Das Kreuz bedrückt dich, weil du denkst, daß Jesus fern ist? Wenn es ihm gefällt, dich mit dem Kreuz allein zu lassen, ergreife es liebevoll, aufrichtig, und in ihm wirst du die Zärtlichkeit seiner Liebe finden. Für die Seele, die Gott wirklich liebt, ist es das Angenehmste und Wünschenswerteste, den Herrn im Leiden zu folgen, und auf seinen Spuren bis auf den Kalvarienberg zu gehen".

Aus der Enzyklika "Veritatis Splendor"
Der gekreuzigte Christus offenbart den authentischen Sinn der Freiheit, er lebt ihn in der Fülle seiner totalen Selbsthingabe und beruft die Jünger, an dieser seiner Freiheit teilzuhaben.

(VS 85)

Masaccio (1402-1428)
Die Heilige Dreifaltigjeit

5° Schmerzhaftes Geheimnis

KREUZIGUNG UND TOD JESU
NACH DREI STUNDEN LEIDEN

Aus dem Evangelium nach Lukas 23,33-46

Sie kamen zur Schädelhöhe; dort kreuzigten sie ihn und die Verbrecher, den einen rechts von ihm, den andern links. Jesus aber betete: Vater, vergib ihnen, denn sie wissen nicht, was sie tun. Dann warfen sie das Los und verteilten seine Kleider unter sich. Die Leute standen dabei und schauten zu; auch die führenden Männer des Volkes verlachten ihn und sagten: Anderen hat er geholfen, nun soll er sich selbst helfen, wenn er der erwählte Messias Gottes ist. Auch die Soldaten verspotteten ihn; sie traten vor ihn hin, reichten ihm Essig und sagten: Wenn du der König der Juden bist, dann hilf dir selbst! Über ihm war eine Tafel angebracht; auf ihr stand: Das ist der König der Juden. Einer der Verbrecher, die neben ihm hingen, verhöhnte ihn: Bist du denn nicht der Messias? Dann hilf dir selbst und auch uns! Der andere aber wies ihn zurecht und sagte: Nicht einmal du fürchtest Gott? Dich hat doch das gleiche Urteil getroffen. Uns geschieht recht, wie erhalten den Lohn für unsere Taten; dieser aber hat nichts Unrechtes getan. Dann sagte er: Jesus, denk an mich, wenn du in dein Reich kommst. Jesus antwortete ihm: Amen, ich sagte dir: Heute noch wirst du mit mir im Paradies sein. Es war etwa um die sechste Stunde, als eine Finsternis über das ganze Land hereinbrach. Sie dauerte bis zur neunten Stunde. Die Sonne verdunkelte sich. Der Vorhang im Tempel riß mitten entzwei, uns Jesus rief laut: Vater, in deine Hände lege ich meinen Geist. Nach diesen Worten hauchte er den Geist aus. Alles ist vollbracht.

(Schweigepause)

MEDITATION ÜBER DAS GEHEIMNIS

Erste Meditation
Ich bete Dich an, Jesus, ich liebe Dich, Jesus, ich danke Dir, Jesus. Danke für deinen Tod, danke für deine Wunden, danke für deine Worte, danke für dein Blut. Danke, weil du uns mit deinem Beispiel die Kraft gegeben hast, zu lieben und zu verzeihen sowie die Freuden und die Leiden des Lebens anzunehmen; denn das Leiden, wenn es als Gottes Wille angenommen wird, ist der Weg der Rettung, der Heiligung. Wir bitten dich für die Sterbenden: gib ihnen die Kraft, ihren Geist in Frieden dem Vater zu geben. O Jesus, nimm uns in deinen Frieden auf.

Zweite Meditation
Jesus, du bist am Kreuz gestorben, während du die schrecklichsten Leiden ertrugst, und Maria, deine Mutter, erlebte sie selbst in unendlichem Schmerz. Du hast den Menschen, die dich töteten, verziehen und du hast uns Maria als Mutter gegeben. Du hast die Schwierigkeiten in Rettung, Liebe und Verzeihung verwandelt! Wir hingegen haben Angst vor dem Tod. Wir fürchten uns voreinander. Viele Leute sind traurig über den Tod ihrer Verwandten, sie haben den Glauben, die Liebe und die Hoffnung verloren. Mach, daß dein Tod und dein Kreuz ein Wegweiser für unser und ihr Leiden sei.
(Offenbaren wir dem Herrn, was uns am meisten schmerzt, und beten wir für unsere Verstorbenen).

Meditation von Pater Pio

Er sieht sich auf dem Kalvarienberg angekommen, entblößt, auf das Kreuz gelegt, gekreuzigt, erbarmungslos mit ihm erhoben, so daß alle Leute ihn sehen können. Er hängt an drei Nägeln, die Ihm die Adern, die Knochen und das Fleisch zerreißen... O! Gott, ein dreistündiges Leiden wird Ihn unter den Beleidigungen aller verrückten und gewalttätigen Leute peinigen. Er fühlt seine Kehle und seine Eingeweide im glühenden Durst brennen und sieht zu diesem quälenden Martyrium das Getränktwerden mit Essig und Galle hinzukommen. Er sieht, wie der Vater Ihn verläßt, und wie seine Mutter Maria am Fuß des Kreuzes leidet. Zum Schluß den schmachvollen Tod zwischen zwei Dieben.

(Briefe IV S.895)

Meditation von Mutter Speranza

"Tun wir allen Leuten Gutes, ohne Unterschied zwischen Guten und Bösen, Freunden und Feinden, Verwandten und Fremden. Tun wir so viel Gutes, wie möglich, ohne in uns den Wunsch auszulöschen, die anderen glücklich zu machen. Die Barmherzigkeit Jesu nimmt nie ab, endet nie und unterscheidet nie den Freund vom Feind: er liebt alle Menschen, und für alle stirbt er."

Aus der Enzyklika "Veritatis Splendor"

Jesus ist also die lebendige und personifizierte Synthese von vollkommener Freiheit und unbedingtem Gehorsam gegenüber dem Willen Gottes. Sein gekreuzigtes Leib ist die volle Offenbarung der unlösbaren Bande zwischen Freiheit und Wahrheit, so wie seine Auferstehung vom Tode die erhabenste Verherrlichung der Fruchtbarkeit und heilbringenden Kraft einer in Wahrheit gelebten Freiheit ist.

(VS 87)

Raffaellino del Garbo (1470-1525)
Die Auferstehung

Die glorreichen Geheimnisse

ANFANGSBEBET
Ich will Dich anbeten, mein Gott,
weil Dein Sohn den Tod überwunden hat.
Öffne mein Herz und erleuchte meinen Geist,
so daß ich Dich anbeten kann.
Um nichts anderes will ich in diesen
Geheimnissen bitten.
Gib mir Dein Licht,
so daß ich Dich ehren kann.
Mein ganzes Leben sei
zu Deiner
und zu Deines Sohnes Ehre gelebt,
den Du durch die Macht
Deines Heiligen Geistes aufererweckt hast,
der mit Dir und mit dem auferstandenen
Retter lebt und herrscht.
Amen

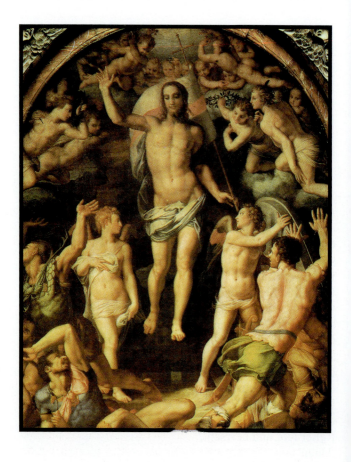

Bronzino (1503-1572)
Die Auferstehung

1° Glorreiches Geheimnis

DIE AUFERSTEHUNG JESU
VON DEN TOTEN

Aus dem Evangelium nach Lukas 24,1-12

Am ersten Tag der Woche gingen die Frauen mit den
wohlriechenden Salben, die sie zubereitet hatten, in
aller Frühe zum Grab. Da sahen sie, daß der Stein vom
Grab weggewälzt war; sie gingen hinein, aber den
Leichnam Jesu, des Herrn, fanden sie nicht. Während
sie ratlos dastanden, traten zwei Männer in
leuchtenden Gewändern zu ihnen. Die Frauen
erschraken und blickten zu Boden. Die Männer aber
sagten zu ihnen: Was sucht ihr den Lebenden bei den
Toten? Er ist nicht hier, sondern er ist auferstanden.
Erinnert euch an das, was er euch gesagt hat, als er
noch in Galiläa war: Der Menschensohn muß den
Sündern ausgeliefert und gekreuzigt werden und am
dritten Tag auferstehen. Da erinnerten sie sich an seine
Worte. Und sie kehrten vom Grab in die Stadt zurück
und berichteten alles den Elf und den anderen Jüngern.
Es waren Maria Magdalene, Johanna und Maria, die
Mutter des Jakobus; auch die übrigen Frauen, die bei
ihnen waren, erzählten es den Aposteln. Doch die
Apostel hielten das alles für Geschwätz und glaubten
ihnen nicht. Petrus aber stand auf und lief zum Grab.
Er beugte sich vor, sah aber nun die Leinenbinden
(dort liegen). Dann ging er nach Hause, voll
Verwunderung über das, was geschehen war.

MEDITATION ÜBER DAS GEHEIMNIS

Erste Meditation

Jesus, du hast den Tod besiegt! Mit deiner Auferstehung hast du gezeigt, daß kein Leiden, kein Haß, keine Verurteilung stärker ist als der Tod. Laß uns auferstehen, befreie uns vom Tod, vom Bösen, gib uns das Licht und die Gnade der Auferstehung. O Jesus, hilf uns, ein christliches Leben zu leben, erwecke die Liebe, erwecke den Glauben, erwecke die Hoffnung, erwecke die Gaben des Gebetes und alles, was im Grab ist. Ändere uns, erneuere uns, erfülle uns mit Frieden und mit Osterfreude.

Zweite Meditation

O Jesus, Du bist auferstanden. Du hast den Tod besiegt. Du hast alle, so begrüßt, die Du getroffen hast: Friede sei mit euch, habt keine Angst. O Jesus, tritt jetzt in unsere Herzen und in unsere Familien. Gib uns deinen Frieden am Ende dieses Tages. Heile alle Wunden, die uns zugefügt wurden und die wir uns gegenseitig zugefügt haben. Wir haben uns mit der Sünde in das Grab gelegt. Mach, daß die Freude der Auferstehung uns und all denen gegeben wird, die ihre Verwandten beweinen und den Glauben verloren haben. Komm, sage uns: Friede sei mit euch, habt keine Angst! Mach, daß die Eintracht und der Friede in jedem Herzen wohne.

Meditation von Pater Pio

Resurrexit! Das ist der Freudenschrei, den die Kirche an diesem Tag an allen Enden der Welt erhebt, und alle Christen verbrüdern sich und feiern diesen heiligen Tag auf besondere Weise, während sie auf die mütterliche Aufforderung der Kirche mit den Worten des Apostels Paulus antworten: "Ita et nos in novitate vitæ ambulemus"; auferstehen sind auch wir zu einem neuen, heiligen Leben nach dem Tod.

(Briefe IV S.1083)

Meditation von Mutter Speranza

"O Herr, mach, daß ich meine Sicherheit nicht auf diese Welt setze und meinen Trost nicht in ihr suche, sondern daß ich jeden Trost immer nur von dir erhoffe".

Aus der Enzyklika "Veritatis Splendor"

Allein im Erlösungsgeheimnis Christi gründen die "konkreten" Möglichkeiten des Menschen. Aber von welchem Menschen ist die Rede? Von dem Menschen, der von der Begierde beherrscht wird, oder von dem Menschen, der von Christus erlöst wurde? Schließlich geht es um Folgendes: um die Wirklichkeit der Erlösung durch Christus. Christus hat uns erlöst! Das bedeutet: Er hat uns die Möglichkeit geschenkt, die ganze Wahrheit unseres Seins zu verwirklichen.

(VS 103)

Raffaellino del Garbo (1470-1525)
Die Auferstehung

2° Glorreiches Geheimnis

DIE HIMMELFAHRT JESU

Aus dem Evangelium nach Lukas 24,36-53

Während sie noch darüber redeten, trat er selbst in ihre Mitte, und sagte zu ihnen: Friede sei mit euch! Sie erschraken und hatten große Angst, denn sie meinten, einen Geist zu sehen. Da sagte er zu ihnen: Was seid ihr so bestürzt? Warum laßt ihr in eurem Herzen solche Zweifel aufkommen? Seht meine Hände und meine Füße an: Ich bin es selbst. Faßt mich doch an, und begreift: Kein Geist hat Fleisch und Knochen, wie ihr es bei mir seht. Bei diesen Worten zeigte er ihnen seine Hände und Füße. Sie staunten, konnten es aber vor Freude immer noch nicht glauben. Da sagte er zu ihnen: Habt ihr etwas zu essen hier? Sie gaben ihm ein Stück gebratenen Fisch; er nahm es und aß es vor ihren Augen. Dann sprach er zu ihnen: Das sind die Worte, die ich zu euch gesagt habe, als ich noch bei euch war: Alles muß in Erfüllung gehen, was im Gesetz des Mose, bei den Propheten und in den Psalmen über mich gesagt ist. Darauf öffnete er ihnen die Augen für das Verständnis der Schrift. Er sagte zu ihnen: so steht es in der Schrift: Der Messias wird leiden und am dritten Tag von den Toten auferstehen, und in seinem Namen wird man allen Völkern, angefangen in Jerusalem, verkünden, sie sollen umkehren, damit ihre Sünden vergeben werden. Ihr seid Zeugen dafür. Und ich werde die Gabe, die mein Vater verheißen hat, zu euch herabsenden. Bleibt in der Stadt, bis ihr mit der Kraft aus der Höhe erfüllt werdet. Dann führte er sie hinaus in die Nähe von Betanien. Dort erhob er seine Hände und segnete sie. Und während er sie segnete, verließ er sie und wurde zum Himmel emporgehoben; sie aber fielen vor ihm nieder. Dann kehrten sie in großer Freude nach Jerusalem zurück. Und sie waren immer im Tempel und priesen Gott.

MEDITATION ÜBER DAS GEHEIMNIS

Erste Meditation
Jesus, Du hast deine Apostel im Leiden nicht verlassen,
sondern Du hast ihnen die Freude wiedergegeben, indem
Du noch vierzig Tage hier bei ihnen bliebst. Nach Deiner
Auferstehung zum Himmel hast Du allen, die Dich
suchen, die Gnade gewährt, Dich in der Eucharestie zu
finden. Jesus, wir bitten Dich, mach, daß wir uns der
unendlichen Gnade bewußt werden, die du uns jedes Mal
gibst, wenn wir über das Geheimnis Deines Todes und
Deiner Auferstehung nachdenken, daß wir Dich jeden Tag
bewußter in der Eucharestie empfangen können. O Jesus,
ich will für alle, die sich verirrt haben, beten. Erleuchte
die Menschen, die im Dunkeln sind. Erhebe alle
Menschen, ziehe alle an Dich. Die Schwierigkeiten sind
groß, aber wir möchten uns Dir anvertrauen und unser
Leben in Deine Hände legen. Gib uns die Gnade und die
Stärke, Dich nachzuahmen. Gib uns die Gnade und die
Stärke, Dir zu gleichen, Vater, bis zum Tod am Kreuz
gehorsam zu sein, uns zu unterwerfen und so zu leben,
wie Du gelebt hast. Gib uns die Stärke, Dir in der Demut
zu gleichen. Zerstöre durch Deine Demut meinen Stolz.

Zweite Meditation
O Jesus, während Du zum Himmel aufgestiegen bist, hast
Du die Anwesenden gesegnet, und hast die Apostel
gelehrt, was sie tun sollten. Laß deine Gnade heute abend
auf unsere Familie, auf unsere Pfarrkirche, auf unser Volk
und auf die Kirche herabsteigen. Segne den Papst, die
Bischöfe, die Priester und die Ordenschwestern. Segne
die jungen Leute und lade sie ein, der Kirche freigiebig
zu dienen. Berufe auch einen unserer Familie auf, sich
ganz Dir zu weihen. Segne alle Geschöpfe und laß Deine
Gnade allen Leuten zukommen.
*(Wenn wir jemanden besonders empfehlen wollen, machen wir das
in Stille oder laut).*

74

Meditation von Pater Pio

Die Regel einer strengen Gerechtigkeit wollten, daß Christus sofort glorreich zur Rechten des Vaters aufsteige in ewiger Freude, nachdem Er den bittersten Tod auf sich genommen hatte. Wir wissen auch, daß er es wollte, noch vierzig Tage als Auferweckter zu erscheinen.. "Der Herr ist wirklich auferstanden und uns erschienen..." Und warum das? Wie der Heilige Leo sagt, um mit einem so erhabenen Geheimnis alle Grundsätze seines neuen Glaubens aufzustellen. Er dachte nämlich, daß er nicht genug zu unserer Erbauung getan hatte: denn es genügt uns nicht, nach dem Vorbild von Christus aufzuerstehen, wenn wir nicht auch nach seinem Vorbild auferstanden, verändert und erneuert im Geist erscheinen.

(Briefe IV, S.962-963)

Meditation von Mutter Speranza

"Jesus, nimm meine Seele in Deine Arme auf, wenn sie sich dank Deiner Heiligen Liebe von meinem Körper trennt, und laß mein Herz sich für immer mit Dem Deinen vereinen".

Aus der Enzyklika "Veritatis Splendor"

Die Liebe Christi nachahmen und nachzuleben ist dem Menschen aus einiger Kraft allein nicht möglich. Er wird zu dieser Liebe fähig allein kraft einer Gabe, die er empfangen hat. Wie der Herr Jesus die Liebe von seinem Vater empfängt, so gibt er sie seinerseits aus freien Stücken an die Jünger weiter: "Wie mich der Vater geliebt hat, so habe auch ich euch geliebt. Bleibt in meiner Liebe."

(VS 22)

Giorgio Vasari (1511-1574)
Pfingsten

3° *Glorreiches Geheimnis*

DIE HERABKUNFT DES HEILIGEN GEISTES AUF DIE HEILIGE JUNGFRAU MARIA UND DIE APOSTEL

Aus der Apostelgeschichte 2,1-13

Als der Pfingsttag gekommen war, bafanden sich alle am gleichen Ort. Da kam plötzlich vom Himmel her ein Brausen, wie wenn ein heftiger Sturm daherfährt, und erfüllte das ganze Haus, in dem sie waren. Und es erschienen ihnen Zungen wie von Feuer, die sich verteilten; auf jeden von ihnen ließ sich eine nieder. Alle wurden mit dem Heiligen Geist erfüllt und begannen, in fremden Sprachen zu reden, wie es der Geist ihnen eingab. In Jerusalem aber wohnten Juden, fromme Männer aus allen Völkern unter dem Himmel. Als sich das Getöse erhob, strömte die Menge zusammen und war ganz bestürzt; denn jeder hörte sie in seiner Sprache reden. Sie gerieten außer sich vor Staunen und sagten: Sind das nicht alles Galiläer, die hier reden? Wieso kann sie jeder von uns in seiner Muttersprache hören; Parther, Meder und Elamiter, Bewohner von Mesopotamien, Judäa und Kappadozien, von Pontus und der Provinz Asien, von Phrygien und Pamphylien, von Ägypten und dem Gebiet Lybiens nach Zyrene hin, auch die Römer, die sich hier aufhalten, Juden und Proselyten, Kreter und Araber, wir hören sie in unseren Sprachen Gottes große Taten verkünden. Alle gerieten außer sich und waren ratlos. Die einen sagten zueinander: Was hat das zu bedeuten? Andere aber spotteten: Sie sind vom süßen Wein betrunken.

MEDITATION ÜBER DAS GEHEIMNIS

Erste Meditation

Jesus, überschütte auch uns mit dem Heiligen Tröstergeist, erleuchte uns mit dem Licht Deines Geistes, und während wir dem Beispiel der Apostel folgen, laß die Lehre deines Wortes Licht für die Menschen, die im Dunkeln sind, Trost für die Menschen werden, die leiden, Erleichterung für die Menschen, die Schmerzen haben. Sende uns Deinen Geist, Der uns erleuchten und erneuern kann, der uns ein neues Herz und einen aufrichtigen, starken und lebendigen Glauben geben kann. Herr, hilf uns.

Zweite Meditation

O Jesus, Du hast dein Versprechen erfüllt und Deinen Heiligen Geist über Maria und die Apostel gesandt. Als der Geist kam, haben sie verstanden, was sie tun sollten und hatten die Kraft, es zu tun. Jesus, als eine Familie bitten wir Dich: erleuchte uns, so daß wir verstehen können, was wir zu unserem Wohl tun sollen und wie wir es alle zusammen machen können! Erleuchte uns, so daß wir erkennen können, was bis heute nicht gut war; mach, daß wir sühnen und unsere Irrtümer nicht wiederholen. Erleuchte alle Familien, die durch Deinen Geist in der Gemeinschaft geboren werden.

(Die Eltern beten, damit ihre Kinder ihre Herzen dem Geist öffnen, und die Kinder beten, damit ihre Eltern nach den Gesetzen des Heiligen Geistes leben und nach der Weisheit Gottes erzogen werden. Wir empfehlen Dir die Lehrer, die Regierungschefs und die Völker an).

Meditation von Pater Pio
Laßt den Heiligen Geist in euch wirken. Laßt euch von Ihm fortreißen und habt keine Angst. Er ist so weise und mild, daß er nur Gutes bewirkt. Welche Güte dieser Tröstergeist für alle ist, aber welch große Güte vor allem für euch, die ihr ihn sucht! Jede Seele muß lernen, sich vom Heiligen Geist führen, hobeln und polieren zu lassen, weil auch er ein Arzt für unsere Seelen ist, so daß sie sich mit dem Willen Gottes vereinen können, nachdem sie gut geglättet und ausgebreitet worden sind.

(Briefe II, S.64; III, S.300)

Meditation von Mutter Speranza
Um den Heiligen Geist zu bekommen, muß man nicht zu studieren und viele Dinge kennen, sondern man muß nur demütig und reumütig sein. Mache meinen Geist stark in dem Deinen, so daß ich in Dir begraben und von mir selbst befreit werde.

Aus der Enzyklika "Veritatis Splendor"
Die Gabe Christi ist sein Geist, dessen erste "Frucht" die Liebe ist; "Die Liebe Gottes ist ausgegossen in unsere Herzen durch den Heiligen Geist, der uns gegeben ist". Der Heilige Augustinus fragt sich: "Ist es die Liebe, die uns die Gebote befolgen läßt, oder ist es die Befolgung der Gebote, die die Liebe entstehen läßt?". Und er antwortet: "Aber wer kann bezweifeln, daß die Liebe der Befolgung der Gebote vorangeht? Wer nicht liebt, hat nämlich keine Begründung, um die Gebote zu erfüllen".

(VS 22)

Lorenzo Lotto
Mariä Himmelfahrt

4° Glorreiches Geheimnis

MARIÄ HIMMELFAHRT

Aus der Offenbarung 12,1-6,13-18

Dann erschien ein großes Zeichen am Himmel: eine Frau, mit der Sonne bekleidet; der Mond war unter ihren Füßen und ein Kranz von zwölf Sternen auf ihrem Haupt. Sie war schwanger und schrie vor Schmerz in ihren Gebutswehen. Ein anderes Zeichen erschien am Himmel: ein Drache, groß und feuerrot, mit sieben Köpfen und zehn Hörnern und mit sieben Diademen auf seinen Köpfen. Sein Schwanz fegte ein Drittel der Sterne vom Himmel und warf sie auf die Erde herab. Der Drache stand vor der Frau, die gebären sollte; er wollte ihr Kind verschlingen, sobald es geboren war. Und sie gebar ein Kind, einen Sohn, der über alle Völker mit eisernem Zepter herrschen wird. Und ihr Kind wurde zu Gott und zu seinem Thron entrückt. Die Frau aber floh in die Wüste, wo Gott ihr einen Zufluchtsort geschaffen hatte; dort wird man sie mit Nahrung versorgen, zwölfhundertsechzig Tage lang. [...] Als der Drache erkannte, daß er auf die Erde gestürzt war, verfolgte er die Frau, die den Sohn geboren hatte. Aber der Frau wurden die beiden Flügel des großen Adlers gegeben, damit sie in die Wüste an ihren Ort fliegen konnte. Dort ist sie vor der Schlange sicher und wird eine Zeit und zwei Zeiten und eine halbe Zeit lang ernährt. Die Schlange spie einen Strom von Wasser aus ihrem Rachen hinter der Frau her, damit sie von den Fluten fortgerissen werde. Aber die Erde kam der Frau zu Hilfe; sie öffnete sich und verschlang den Strom, den der Drache aus seinem Rachen gespien hatte. Da geriet der Drache in Zorn über die Frau, und er ging fort, um Krieg zu führen mit ihren übrigen Nachkommen, die den Geboten Gottes gehorchen und an dem Zeugnis für Jesus festhalten. Und der Drache trat an den Strand des Meeres.

MEDITATION ÜBER DAS GEHEIMNIS

Erste Meditation

O Maria, Du hast es angenommen, bis ans Ende nach dem Willen des Vaters zu leben, und jetzt trittst Du in die Ehre des Himmels ein. Nichts hat Dich erschreckt, auch nicht das Leiden, die Agonie Deines Sohnes!
O Mutter des Himmels, erfülle auch uns mit Deinem Mut und mit Deiner Liebe, so daß auch das härteste Kreuz uns nicht erschrecken kann. Zum Schluß bitten wir Dich, um Deiner Auferstehung willen, laß alle Sterbenden Deinen Herrn sehen! O Mutter, gib uns die Gnade, den Frieden des Herzens in unseren Familien, die so verfolgt sind, zu erleben. Viele sind vom Bösen zerstört. Wir sind schwache Kinder, verschwenderische Kinder. Umarme uns alle! Nimm von uns die Unordnung, den Stolz, den Neid. Nimm von uns das Leiden und erfülle uns alle mit Frieden. Du, als unsere Königin und Mutter des Friedens, gib allen Menschen Frieden und Freude. Nähre uns alle mit der Liebe und mit dem Heiligen Leben.

Zweite Meditation

O Maria, Du bist in den Himmel aufgenommen! Danke, Gott, daß Du uns Maria als Lebensbeispiel, Lehrerin und Mutter gegeben hast. Danke, weil Du uns durch Sie zeigst, was du uns während dieses Lebens und nach dem Tod geben willst: Den Aufstieg zu Dir! O Maria, wir als eine Familie widmen uns Dir, damit Du uns durch dieses Leben führst und Du mit uns in unserem Leben bist. Mach, daß Jesus uns durch Deine Fürbitte in Sein Reich einlädt und aufnimmt. Mach, daß von heute an jeder Moment unter deinem Schutz stehe, weil wir deine Kinder sein möchten.

(An dieser Stelle sollte ein Widmungsgebet folgen)

Meditation von Pater Pio
Die göttliche Liebe hatte im Herzen Marias die höchste Stärke erreicht, so daß sie nicht mehr in ein sterbliches Geschöpf eingeengt werden konnte. Dann löste sich die heilige Seele Marias von ihrem heiligen Leib, wie eine Taube, der die Schlingen zerschnitten werden, und sie flog an die Brust Ihres Geliebten. Aber Jesus herrschte im Himmel mit der Heiligsten Menschlichkeit, die Er aus den Eingeweiden der Jungfrau empfangen hatte, und er wollte, daß auch seine Mutter nicht nur mit Ihrer Seele, sondern auch mit dem Körper sich mit Ihm verbinde und Seine ganze Ehre mit Ihm teile.

(Briefe IV S.967)

Meditation von Mutter Speranza
Mit Maria leben bereitet auf die höchste Freude vor, das heißt, mit Jesus zu leben, weil Maria unser wirksamstes Mittel ist, um unsere Vereinigung mit der barmherzigen Liebe zu reinigen und zu festigen.

Aus der Enzyklika "Veritatis Splendor"
Insbesondere ist es das Leben in Heiligkeit, das in so vielen demütigen und oft vor den Blicken der Menschen verborgenen Gliedern des Volkes Gottes erstrahlt, was den schlichtesten und faszinierendsten Weg darstellt, auf dem man unmittelbar die Schönheit der Wahrheit, die befreiende Kraft der Liebe Gottes, den Wert der unbedingten Treue, selbst unter schwierigsten Umständen, angesichts aller Forderungen des Gesetzes des Herrn wahrzunehmen vermag. Darum hat die Kirche in ihrer weisen Moralpädagogik stets die Glaubenden eingeladen, in den heiligen Männern und Frauen und zuallererst in der Jungfrau und Gottesmutter, die "voll der Gnade" und "ganz heilig" ist, das Vorbild, die Kraft und die Freude zu suchen und zu finden, um ein Leben gemäß den Geboten Gottes und den Seligpreisung des Evangeliums zu führen.

(VS 107)

Domenico Ghirlandaio (1449-1494)
Die Krönung der Jungfrau Maria

5° Glorreiches Geheimnis

DIE KRÖNUNG DER HEILIGEN GOTTESMUTTER ZUR KÖNIGIN DES HIMMELS UND DER ERDE

Aus der Offenbarung 21,1-8

"Dann sah ich einen neuen Himmel und eine neue Erde; denn der erste Himmel und die erste Erde sind vergangen, auch das Meer ist nicht mehr. Ich sah die Heilige Stadt, das neue Jerusalem, von Gott her aus dem Himmel herabkommen; sie war bereit wie eine Braut, die sich für ihren Mann geschmückt hat. Da hörte ich eine laute Stimme vom Thron her rufen: Seht, die Wohnung Gottes unter den Menschen! Er wird in ihrer Mitte wohnen, und sie werden sein Volk sein; und er, Gott, wird bei ihnen sein. Er wird alle Tränen von ihren Augen abwischen: der Tod wird nicht mehr sein, keine Trauer, keine Klage, keine Mühsal. Denn was früher war, ist vergangen. Er, der auf dem Thron saß, sprach: Seht, ich mache alles neu. Und er sagte: schreib es auf, denn diese Worte sind zuverlässig und wahr. Er sagte zu mir: Sie sind in Erfüllung gegangen. Ich bin das Alpha und das Omega, der Anfang und das Ende. Wer durstig ist, den werde ich umsonst aus der Quelle trinken lassen, aus der Wasser des Lebens strömt. Wer siegt, wird dies als Anteil erhalten: Ich werde sein Gott sein, und er wird mein Sohn sein. Aber die Feiglinge und Treulosen, die Befleckten, die Mörder und die Unzüchtigen, die Zauberer, Götzendiener und alle Lügner - ihr Los wird der See von brennendem Schwefel sein. Dies ist der zweite Tod".

Meditation über das Geheimnis

Erste Meditation

Du seist gesegnet, o mein Herr, weil Du im Himmel Deine Heilige Mutter zur Königin gekrönt hast. Danke, Maria, weil du erlaubt hast, daß der Herr in Dir geheiligt werde. Hilf allen Müttern, Dir zu gleichen, Deinem Vorbild zu folgen, so daß sie für ihre Kinder leben, um sie zu lieben. Mutter, ich vertraue Deinem Heiligen Herzen mein Leben, meine Familie an, hilf mir meinen Glauben zu vermehren. Ich will demütig für die Erfüllung Deiner Wünsche und Anliegen beten. Ich möchte beginnen, nach dem Evangelium zu leben. Hilf mir.

Zweite Meditation

O Maria, Du bist zur Königin des Himmels und der Erde gekrönt worden! Wir glauben, daß Du gerade in dieser Zeit die Welt zum Frieden einlädst und erziehst, weil Du die Königin des Friedens bist! Mit Dir zusammen bitten wir den Herrn, daß Er uns, allen Menschen und allen Völkern den Frieden gebe. Führe die ganze Welt mit der Kraft Deiner Liebe und Deiner Empfehlung neuen und besseren Zeiten entgegen...

(Wir beten, damit der Herr uns und allen, die den Frieden nicht haben, Seinen Frieden gebe).

Meditation von Pater Pio

Die ewigen Türen öffnen sich, und die Mutter Gottes tritt ein. Nachdem die von ihrer Schönheit eingenommenen heiligen Gebieter sie sehen, gehen alle zusammen freudig zu Ihr; sie begrüßen sie und ehren sie mit den höchsten Titeln, sie knien zu Ihren Füßen. Sie bezeigen Ihr ihre Ehrerbietungen, sie nennen Sie ihre Königin. Am Fest der Engel vereinigt sich die Heilige Dreifaltigkeit. Der Vater nimmt Sie als Seine Auserwählte auf und lädt sie ein, an Seiner Macht teilzuhaben.

(Briefe IV, S.971-972)

Meditation von Mutter Speranza

In jedem Leiden und jeder Gefahr rufen wir die höchste Mutter an, weil wir sicher sind, daß sie der Weg ist, auf dem wir zu der Gnade des Guten Jesus kommen; durch ihre vorherigen Verdienste und durch die heutigen Anrufungen ist Sie eine Mittlerin zwischen Ihrem Heiligen Sohn und den Menschen, die Ihn anrufen.

Aus der Enzyklika "Veritatis Splendor"

Das Leben der Heiligen- es ist Spiegelbild der Güte Gottes, der "allein Gute ist", stellt nicht nur ein echtes Glaubensbekenntnis und einen Impuls für seine Mitteilung an die anderen dar, sondern auch eine Verherrlichung Gottes und seiner unendlichen Heiligkeit. Das heiligmäßige Leben führt so zur Vollendung in Wort und Tat des einen und dreifachen Amtes, des munus propheticum, sacerdotale et regale, das jeder Christ bei der Wiedergeburt in der Taufe "aus Wasser und Geist" als Geschenk empfängt.

(VS 107)

SCHLUßGEBET

Danke, Herr Jesus, weil ich durch diese glorreichen Geheimnisse des Heiligen Rosenkranzes ihre Macht spüren konnte, mit der Du den Tod und die Sünde besiegt hast. Danke für die Freude, die Du mit Deiner Auferstehung Deiner Mutter, Deinen Aposteln und der ganzen Schöpfung gegeben hast. Danke, daß wir nicht mehr dem Tod bestimmt sind, sondern dem Leben entgegen gehen. Laß mein Herz ab heute Dir ohne Unterbrechung singen und Dich verherrlichen. Laß den Gesang der Auferstehung auf meinen Lippen nie enden, den Gesang, der den Vollbesitz des Lebens, der Freude, des Friedens und der Liebe ausdrückt. Ich bitte Dich darum, durch die Fürbitte von Maria, die von dir geheiligt worden ist, und durch Sie der Vater im Heiligen Geist, Der mit Dir, o Jesus, und mit dem Vater lebt und herrscht von Ewigkeit zu Ewigkeit. Amen

SEI GEGRÜßT, O KÖNIGIN

Sei gegrüßt, o Königin, Mutter der Barmherzigkeit, unser Leben, unsere Wonne, und unsere Hoffnung, sei gegrüßt!
Zu Dir rufen wir, verbannte Kinder Evas;
zu Dir seufzen wir, trauernd und weinend,
in diesem Tal der Tränen.
Wohlan denn, unsere Fürsprecherin,
wende deine barmherzigen Augen uns zu.
Und nach diesem Elend zeige uns, Jesus,
die gebenedeite Frucht deines Leibes.
O gütige, o milde, o süße Jungfrau Maria.

LAURETANISCHE LITANEIEN

Herr, erbarme dich unser

                    erbarme dich unser

Christus, erbarme dich unser

                    erbarme dich unser

Herr, erbarme dich unser

                    erbarme dich unser

Christus, erhöre uns

                    Christus, erhöre uns

Christus, erhöre uns

                    Christus, erhörr uns

Gott Vater im Himmel

                    erbarme dich unser

Gott Sohn, Erlöser der Welt

                    erbarme dich unser

Gott, Heliger Geist

                    erbarme dich unser

Heilige Dreieinigkeit, ein einziger Gott

                    erbarme dich unser

Heilige Maria

                    bitte für uns

Heilige Mutter Gottes

                    bitte für uns

Heilige Jungfrau unter den Jungfrauen

                    bitte für uns

Mutter Christi

                    bitte für uns

Mutter der Kirche

                    bitte für uns

Mutter der heiligen Gnade

                    bitte für uns

Du reinste Mutter,

                    bitte für uns

Du keuscheste Mutter,

bitte für uns

Du unversehrte Mutter

bitte für uns

Du unbefleckte Mutter

bitte für uns

Du liebenswürdige Mutter

bitte für uns

Du wunderbare Mutter

bitte für uns

Mutter des guten Rates

bitte für uns

Mutter der schönen Liebe

bitte für uns

Mutter des Schöpfers

bitte für uns

Mutter des Erlösers

bitte für uns

Du weiseste Jungfrau

bitte für uns

Du ehrwürdige Jungfrau

bitte für uns

Du mächtige Jungfrau

bitte für uns

Du gütige Jungfrau

bitte für uns

Du getreue Jungfrau

bitte für uns

Du Spiegel der Gerechtigkeit

bitte für uns

Du Sitz der Weisheit

bitte für uns

Du Ursache unserer Freude

bitte für uns

Du geistliches Gefäß

bitte für uns

Du ehrwürdiges Gefäß

bitte für uns

Du geweihte Wohnung Gottes

bitte für uns

Du geheimnisvolle Rose

bitte für uns

Du starker Turm Davids

bitte für uns

Du elfenbeinerner Turm

bitte für uns

Du goldnes Haus

bitte für uns

Du Arche des Bundes

bitte für uns

Du Pforte des Himmel

bitte für uns

Du Morgensstern

bitte für uns

Du Heil der Kranken

bitte für uns

Du Zuflucht der Sünder

bitte für uns

Du Trost der Betrübten

bitte für uns

Du Hilfe der Christen

bitte für uns

Du Königin der Engel

bitte für uns

Du Königin der Patriarchen

bitte für uns

Du Königin der Propheten

bitte für uns

Du Königin der Apostel

bitte für uns

Du Königin der Märtyrer

bitte für uns

Du Königin der Bekenner des Glaubens

bitte für uns

Du Königin der Jungfrauen

bitte für uns

Königin aller Heiligen

bitte für uns

Du Königin ohne Erbsünde empfangen

bitte für uns

Du Königin aufgenommenen in Himmel

bitte für uns

Du Königin vom heiligen Rosenkranzes

bitte für uns

Du Königin der Familie

bitte für uns

Du Königin des Friedens

bitte für uns

Du Königin des Friedens und der Wiederversöhnung

bitte für uns

Du Königin und Mutter des Friedens

bitte für uns

Lamm Gottes, Du nimmst hinweg die Sünden der Welt
verschone uns, Herr.
Lamm Gottes, Du nimmst hinweg die Sünden der Welt
erhöre uns, Herr
Lamm Gottes, Du nimmst hinweg die Sünden der Welt
erbarme Dich unser

Bitte für uns, heilige Mutter Gottes.
Auf daß wir Christi Versprechungen würdig sind.

Lasset uns beten,
Wir bitten Dich, Herr und Gott, verleihe uns, deinen
Dienern die Freude ständiger Gesundheit der Seele und
des Leibes und laß uns auf die glorreiche Fürsprache
der seligen, allzeit jungfräulichen Mutter Maria von
der gegenwärtigen Trübsal befreit und mit der ewigen
Freude erfüllt werden. Durch Christus, unsern Herrn.
Amen

GEBET ZUM HEILIGEN JOSEF

Zu dir, o heiliger Josef, fliehen wir in unserer Not und bitten voll Vertrauen um deinen Schutz. Um der Liebe willen, welche dich mit der Unbefleckten Jungfrau und Gottesgebärerin verband, und um der väterlichen Liebe willen, mit der du das Jesuskind umarmt hast, bitten wir dich flehentlich, du wollest das Erbe, das Jesus Christus mit seinem Blute erkauft hat, gnädig ansehen, und unserer Not mit deiner Macht zu Hilfe kommen. Wache, o fürsorglicher Beschützer der heiligen Familie, über die auserwählte Nachkommenschaft Jesu; Halte von uns fern, o geliebter Vater, jede Ansteckung des Irrtums und der Verderbnis. Stehe uns vom Himmel aus gnädig bei, im Kampf mit den Mächten der Finsternis, o unser starker Beschützer. Und wie du ehedem des Jesuskind aus der höchsten Lebensgefahr errettet hast, so verteidige jetzt die heilige Kirche Gottes gegen alle Nachstellung der Feinde. Nimm uns alle unter deinen beständigen Schutz, damit wir nach deinem Beispiel und mit deiner Hilfe heilig leben, selig sterben und die ewige Seligkeit im Himmel erlangen mögen. Amen

GEBET ZUM HEILIGEN ERZENGEL MICHAEL

Heiliger Erzengel Michael, verteidige uns im Kampfe! In den Nachstellung des Teufels sei unsere Stütze; "Gott gebiete ihm"- so bitten wir flehentlich. Du, aber Fürst der himmlischen Heerscharen, stürze den Satan und alle andere bösen Geister, die in der Welt umhergehen, um die Seelen zu verderben du die Kraft Gottes in die Hölle. Amen

GEBETE

DAS ANGELUS

Seit vielen Jahrhunderten liebt es die christliche Tradition, sich dreimal am Tag, an das Geheimnis der Menschwerdung des Gottessohnes zu erinnern und gleichzeitig die Jungfrau als die Mutter von Christus und der Menschheit zu loben.

Der Engel des Herrn brachte Maria die Botschaft.
Und sie empfing vom Heiligen Geist.
Gegrüßt seist du Maria

Maria sprach: Siehe, ich bin die Magd des Herrn.
Mir geschehe nach deinem Wort.
Gegrüßt seist du, Maria

Und das Wort ist Fleisch geworden.
Und kam, um unter uns zu wohnen.
Gegrüßt seist du, Maria

Bitte für uns, Heilige Gottesmutter
daß wir würdig werden der Verheißungen Christi.

Lasset uns beten,
Allmächtiger Gott, gieße deine Gnade in unsere Herzen ein; Durch die Botschaft des Engels haben wir die Menschwerdung Christi, deines Sohnes, erkannt. Laß uns durch sein Leiden und Kreuz zur Herrlichkeit der Auferstehung gelangen. Darum bitten wir durch Christus, unsern Herrn. Amen.

Ehre sei dem Vater

Der Herr segne uns, schützte uns vor dem Böse und führe uns zum ewigen Leben. Amen

Zur Osterzeit

Man betet es statt des Angelus vom Mittag des Karsamstages bis am Vorabend der Heiligsten Dreifaltigkeit. Es zeigt die Freude Marias und unsere Freude über die Auferstehung des Herrn.

Königin der Himmel, freue dich, alleluja.
Christus, Den Du im Leibe getragen hast, alleluja.

Er ist auferstanden, wie er es versprochen hatte, alleluja.
Herr, bitte für uns, alleluja.

Freue dich, Jungfrau Maria. alleluja.
Der Herr ist wirklich auferstanden, alleluja.

Lasset uns beten,
O Gott, Der du mit der glorreichen Auferstehung deines Sohnes der ganzen Welt die Freude wiedergegeben hast, laß uns durch Marias Fürbitte die Freude des ewigen Lebens genießen. Durch Christus, unsern Herrn. Amen

Ehre sei dem Vater

Segen

(Man betet mit den Worten, die Gott zu Moses gesagt hat)
Nm 6, 24-26

Der Herr segne dich und behüte dich.
Amen
Der Herr lasse sein Angesicht über dich leuchten und sei dir gnädig.
Amen
Der Herr wende sein Angesicht dir zu und schenke dir Heil.
Amen
Und der Segen des Allmächtigen Gottes, des Vaters, des Sohnes und des Heiligen Geistes steige auf euch herab und sei immer mit euch.
Amen

WEIHEGEBET AN DIE HEILIGE MARIA
UND DEN HEILIGEN JOSEF

Wie der Vater in seiner unendlichen Weisheit und großen Liebe hier auf Erden seinen eingeborenen Sohn dir, Heilige Maria, und dir, Heiliger Josef, Ehepaar der Familie von Nazaret, anvertraute, so vertrauen wir uns euch demütig an und weihen uns euch, nachdem wir durch die Taufe Kinder Gottes geworden sind.

Habt für uns, für unsere Kinder, für unsere Familien, die gleiche Fürsorge und Zartheit, die Ihr für Jesus gehabt habt.

Lehrt uns, Jesus kennenzulernen, zu lieben und ihm zu dienen, so, wie Ihr Ihn kennengelernt, geliebt und ihm gedient habt.

Laßt uns Euch mit der gleichen Liebe lieben, mit der Jesus Euch geliebt hat.

Beschützt uns.

Beschützt uns vor Gefahr und vor dem Bösen.

Vermehrt unseren Glauben.

Gewährt uns die Treue zu unserer Berufung und zu unserer Mission in der Kirche: macht uns heilig.

Am Ende dieses Lebens nehmt uns auf in den Himmel, wo ihr schon mit Christus in ewiger Herrlichkeit herrscht.

Amen.

MAGNIFICAT

Der Lobgesang Marias (Lk 1, 46-55)

"Meine Seele preist die Größe des Herrn,
und mein Geist jubelt über Gott, meinen Retter.

Denn auf die Niedrigkeit seiner Magd hat er geschaut.
Siehe, von nun an preisen mich selig alle Geschlechter.

Denn der Mächtige hat Großes an mir getan,
und sein Name ist heilig.

Er erbarmt sich von Geschlecht zu Geschlecht
über alle, die Ihn fürchten.

Er vollbringt mit seinem Arm machvolle Taten:
er zerstreut, die im Herzen voll Hochmut sind;

Er stürzt die Mächtigen vom Thron
und erhöht die Niedrigen.

Die Hungernden beschenkt er mit seinen Gaben
und läßt die Reichen leer ausgehen.

Er nimmt sich seines Knechtes Israel an
und denkt an sein Erbarmen,

das er unsern Vätern verheißen hat,
Abraham und seinen Nachkommen auf ewig".
Ehre sei dem Vater und dem Sohn und
dem Heiligen Geist,
wie im Anfang, so auch jetzt und
alle Zeit und in Ewigkeit.
Amen.

WEIHEGEBET
AN DAS UNBEFLECKTE HERZ MARIENS

O reinstes Herz Mariens,
übervoll von Güte,
zeige uns Deine Liebe.
Deines Herzens Flamme, O Maria,
komme herab auf alle Menschen.
Präge Deine Liebe in unsere Herzen ein,
so daß wir und nach Dir sehnen.

Wir lieben Dich unendlich.
O Maria, milden und demütigen Herzens,
steh uns bei, wenn wir sündigen.

O gib, daß wir durch Dein reinstes
und mütterliches Herz
von allem, was unsere Seele krank macht,
geheilt werden.

Gib, daß wir immer die Güte
deines mütterlichen Herzens schauen können
und daß wir uns durch die Flamme
Deines Herzens bekehren Amen

WEIHEGEBET
AN CHRISTUS DURCH MARIA

Ich (Name) ein treuloser Sünder,
erneuere und bekräftige ich heute,
in deine Hände, Maria,
meine Taufgelübde.

Für immer widersage ich Satan,
seiner Pracht und seinen Werken.
Ich gebe mich ganz Jesus Christus hin,
der menschgewordenen Weisheit,
um mein Kreuz ihm nachzutragen alle Tage meines
Lebens,
und ihm treuer zu sein, als ich es bisher war.
In Gegenwart des ganzen himmlischen Hofes
erwähle ich dich heute, o Maria, zu meiner Mutter und
Königin.

Dir weihe und schenke ich als dein Gut und Eigentum
meinen Leib und meine Seele,
all meinen äußeren und inneren Besitz,
ja selbst den Wert all meiner guten Werke, der
vergangenen, gegenwärtigen und zukünftigen.

Ganz und voll, ohne jede Ausnahme, sollst du das
Recht haben,
über mich und all das Meine nach deinem Gutdünken
zu verfügen in Zeit und Ewigkeit
zur größeren Ehre Gottes
Amen

WEIHEGEBET
AN DAS HEILIGE HERZ JESU

Jesus, wir wissen,
daß Du gütig warst und daß Du
für uns dein Herz gegeben hast.
Er ist gekrönt mit der Dornenkrone
Wir wissen, daß du uns ständig bittest,
und mit unseren Sünden.

Jesus, steh uns bei, wenn wir sündigen.

Durch dein heiligstes Herz gib,
daß wir einander alle lieben.
Zeig deine Liebe!

Wir lieben Dich alle und wünschen
daß Du uns durch Dein Hirten-Herz
vor der Sünde beschützt.

Jesus, komm in jedes Herz.
Klopfe, klopfe an unsere Herzen.
Sei geduldig und unermüdlich.
Wir haben Deinen Willen
noch nicht richtig begriffen
und sind verschlossen.

Klopfe beständig und gib,
daß wir unsere Herzen Dir öffnen,
wenigstens dann,
wenn wir uns
an deine Leiden erinnern,
die Du für uns erlitten hast. Amen.

WEIHEGEBET
AN DEN HEILIGEN ERZENGEL MICHAEL

Adligster Fürst der Engelshierarchien,
tüchtiger Krieger des Höchsten,
eifriger Anbeter der Ehre des Herrn,
Schrecken der rebellischen Engel,
Liebe und Freude aller gerechten Engel,
mein vielgeliebter Heiliger Erzengel Michael,
da ich unter die Zahl der Andächtigen und deiner
Diener gezählt werden möchte,
biete ich mich heute ganz dir an,
gebe ich mich dir hin und weihe ich mich dir,
und stelle mich, meine Familie
und was ich habe, unter deinen mächtigen Schutz.

Das Angebot meiner Verbindlichkeit ist klein,
weil ich ein elender Sünder bin.
Aber du nimmst die Liebe meines Herzens gerne an.
Erinnere dich auch,
daß, wenn ich ab heute unter deinem Schutz bin,
du mich während meines ganzes Lebens schützen
sollst, meine vielen und schweren Sünden verzeihen,
mir die Gnade geben, von Herzen meinen Gott, meinen
geliebten Retter Jesus
und meine süße Mutter Maria zu lieben,
und mir helfen, die Krone der Ehre zu erlangen.

Verteidige mich immer vor den Feinden meiner Seele
vor allem im letzten Moment meines Lebens.
Komm, also glorreichster Fürst,
und schütze mich im letzten Kampf.
Mit deiner kräftigen Waffe
entferne von mir den Abgrund der Hölle
den untreuen und stolzen Engel,
den du eines Tages im Kampf im Himmel
niederwarfst. Amen

TÄGLICHES GEBET
ZU EHREN DER HEILIGEN WUNDEN

Vaterunser *(bei jeder Anrufung)*
Ave Maria *(bei jeder Anrufung)*
Ehre sei dem Vater *(bei jeder Anrufung)*

Für die Heilige Wunde an der rechten Hand
Für die Heilige Wunde an der linken Hand
Für die Heilige Wunde am rechten Fuß
Für die Heilige Wunde am linken Fuß
Für die Heilige Seitenwunde.
Für den Heiligen Vater.
Für das Ausgießen des Heiligen Geistes.

ANRUF FÜR SEGNUNG AN GOTT
UND AN DIE HEILIGEN

Gepriesen sei Gott .
Gepriesen sei sein Heiliger Name.
Gepriesen sei Jesus Christus, wahrer Gott und wahrer Mensch.
Gepriesen sei der Name Jesu Christi.
Gepriesen sei sein heiligstes Herz.
Gepriesen sei sein kostbares Blut.
Gepriesen sei Jesus im allerheiligsten Altarsakrament
Gepriesen sei der Heilige Tröstergeist.
Gepriesen sei die allerseligste Muttergottes.
Gepriesen sei ihre Heilige und Unbefleckte Empfängnis.
Gepriesen sei ihre glorreiche Himmelfahrt.
Gepriesen sei der Name Marias, Jungfrau und Mutter.
Gepriesen sei der Heilige Josef, ihr keuscher Bräutigam.
Gepriesen sei Gott unter seinen Heiligen und Engeln.

Morgengebete

Im Namen des Vaters und des Sohnes und des Heiligen Geistes.
Amen

Ich bete Dich an

Mein Gott, ich bete Dich an,
und ich liebe Dich aus ganzem Herzen.
Ich danke Dir, daß Du mich erschaffen hast,
daß ich Christ sein darf
und daß Du mich in dieser Nacht beschützt hast.
Ich opfere Dir alle Werke dieses Tages auf,
sie sollen nach deinem heiligen Willen und zu deiner
größeren Verherrlichung sein.
Beschütze mich vor allem Bösen und Deine Gnade sei
immer mit mir und allen meinen Lieben. Amen

Das Gebet des Herrn

Vater unser im Himmel, geheiligt werde dein Name.
Dein Reich komme. Dein Wille geschehe, wie im
Himmel so auf Erden. Unser tägliches Brot gib uns
heute. Und vergib uns unsere Schuld, wie auch wir
vergeben unsern Schuldigern. Und führe uns nicht in
Versuchung, sondern erlöse uns von dem Bösen. Denn
dein ist das Reich und die Kraft und die Herrlichkeit in
Ewigkeit. Amen.

DAS GEBET AN DIE HEILIGE JUNGFRAU

Gegrüßt seist du, Maria, voll der Gnade, der Herr ist mit mir. Du bist gebenedeit unter den Frauen, und gebenedeit ist die Frucht deines Leibes, Jesus. Heilige Maria, Mutter Gottes, bitte für uns Sünder jetzt und in der Stunde unseres Todes. Amen

DAS LOB DER HEILIGEN DREIFALTIGKEIT

Ehre sei dem Vater und dem Sohn und dem Heiligen Geist, wie im Anfang, so auch jetzt und alle Zeit und in Ewigkeit. Amen.

ENGEL GOTTES

Engel Gottes, mein Beschützer, dir bin ich durch die Güte des himmlischen Vaters anvertraut, erleuchte, beschütze, leite und regiere mich, denn ich wurde dir vom Heiligen Erbarmen anvertraut. Amen.

DIE EWIGE RUHE

Herr, gib ihnen die ewige Ruhe, und das ewige Licht leuchte ihnen. Laß sie ruhen in Frieden. Amen.

SEI GEGRÜßT, O KÖNIGIN

Sei gegrüßt, o Königin, Mutter der Barmherzigkeit, unser Leben, unsere Wonne, und unsere Hoffnung, sei gegrüßt! Zu Dir rufen wir, verbannte Kinder Evas; zu Dir seufzen wir, trauernd und weinend, in diesem Tal der Tränen. Wohlan denn, unsere Fürsprecherin, wende deine barmherzigen Augen uns zu. Und nach diesem Elend zeige uns, Jesus, die gebenedeite Frucht deines Leibes. O gütige, o milde, o süße Jungfrau Maria.

AKT DES GLAUBENS

Mein Gott, ich glaube an Dich, weil Du die ewige Wahrheit bist, und weil Du diese Wahrheit der Kirche geoffenbart hast. Ich glaube an Dich, Ein Gott in drei Personen, Vater, Sohn und Heiliger Geist. Ich glaube an Jesus Christus, den Sohn Gottes, der Fleisch geworden, für uns gestorben und auferstanden; Er wird jeden nach seinen Verdiensten mit ewigem Lohn oder ewiger Strafe vergelten.
Nach diesem Glaubensatz will ich immer leben. Herr, laß meinen Glauben immer mehr wachsen.

AKT DER HOFFNUNG

Mein Gott, ich hoffe wegen deiner Güte, wegen deines Versprechens und wegen der Verdienste unseres Herrn und Erlösers Jesus Christus das ewige Leben zu erlangen durch die notwendigen Gnaden, und durch die guten Werke, die ich mir vornehme, zu vollbringen. Herr, laß mich dich schauen in Ewigkeit.

AKT DER LIEBE

Mein Gott, ich liebe dich von ganzem Herzen, vor allen Dingen, weil du unendlich gut und liebenswürdig bist; Durch deine Liebe liebe ich auch meinen Nächsten wie mich selbst und vergebe ihm seine Schuld. Herr, ich will Dich immer mehr lieben.

DAS APOSTOLISCHE GLAUBENSBEKENNTNIS

Ich glaube an Gott, den Vater, den Allmächtigen, den Schöpfer des Himmels und der Erde, und an Jesus Christus, seinen eingeborenen Sohn, unsern Herrn, empfangen durch den Heiligen Geist, geboren von der Jungfrau Maria, gelitten unter Pontius Pilatus, gekreuzigt, gestorben und begraben, hinabgestiegen in das Reich des Todes, am dritten Tage auferstanden von den Toten, aufgefahren in den Himmel; er sitzt zur Rechten Gottes, des allmächtigen Vaters; von dort wird er kommen, zu richten die Lebenden und die Toten. Ich glaube an den Heiligen Geist, die heilige katholische Kirche, die Gemeinschaft der Heiligen, die Vergebung der Sünden, die Auferstehung der Toten und das ewige Leben. Amen

AUFOPFERUNG DES TAGES AN DIE HEILIGE MARIA

Maria, Mutter des fleischgewordenen Wortes und auch unsere geliebte Mutter, wir sind hier zu deinen Füßen, während ein neuer Tag aufsteigt, eine neue Gabe des Herrn. Wir legen in deine Hände und in dein Herz unser ganzes Sein, Wir werden dein sein, in Willen, in Gedanken, mit dem Herzen und mit dem Leib. Forme durch deine mütterliche Güte neues Leben in uns, das Leben Jesu. Königin des Himmels, bewahre und begleite unsere kleinsten Taten, damit wir alles als reines Opfer Gott darbringen können. Laß uns heilig werden, wie Jesus es uns geboten hat, und so wie du es von uns ersehnst. Amen.

AUFOPFERUNGDES TAGES AN DAS HERZ JESU

Göttliches Herz Jesu, durch das Unbefleckte Herz Mariens, der Mutter der Kirche, opfere ich alle Gebete und Werke, alle Freuden und Leiden dieses heutigen Tages auf - in Vereinigung mit dem eucharistischen Opfer - zur Wiedergutmachung der Sünden und für das Heil aller Menschen und zur Ehre Gottes. Amen

GEBET FÜR DIE GEISTIGE KOMMUNION

Mein Jesus, ich glaube, daß du im Heiligen Sakrament gegenwärtig bist. Ich liebe dich über alles und meine Seele sehnt sich nach Dir. Da ich Dich jetzt in der Heiligen Kommunion nicht empfangen kann, bitte ich Dich, komm weinigstens geistig in mein Herz. Ich will Dich umarmen und will mich geistig mit Dir vereinigen. Laß nicht zu, daß ich mich je von Dir entferne.

GEBET AN DEN GEKREUZIGTEN JESUS

Mein geliebter und gütiger Jesus, hier bin ich;
in deiner Heiligen Gegenwart niedergekniet
bitte ich dich mit Inbrunst,
die Gefühle des Glaubens, der Hoffnung, der Liebe,
der Reue über meine Sünden,
die Absicht, dich nicht mehr zu beleidigen,
in mein Herzen einzuprägen,
während ich mit der ganzen Liebe und in Mitleid
über deine fünf Wunden nachdenke,
ausgehend, mein Jesus, von dem, was
der Heilige Prophet David von dir sagte:
"Sie durchbohrten meine Händen und meine Füße,
man kann all meine Knochen zählen". Amen

Domenico Ghirlandaio (1449-1494)
Die Krönung der Jungfrau Maria

ABENDGEBETE

Im Namen des Vaters und des Sohnes und des Heiligen Geistes.
Amen

ICH BETE DICH AN

Mein Gott, ich bete Dich an,
und ich liebe Dich aus ganzem Herzen.
Ich danke Dir, daß Du mich erschaffen hast,
daß ich Christ sein darf
und daß Du mich heute vor allem Bösen bewahrt hast.
Vergib mir meine Schuld, und wenn ich Gutes getan
habe, nimm es an.
Behüte meinen Schlaf und halte jede Gefahr von mir
fern.
Deine Gnade sei immer mit mir
und allen meinen Lieben. Amen

Vaterunser
Ave Maria
Ehre sei dem Vater
Credo
Akt des Glaubens
Akt der Hoffnung
Akt der Liebe
Ewige Ruhe

GEWISSENSPRÜFUNG

Vergiß nicht die Wichtigkeit der Gewissensprüfung jeden Abend, bevor du schlafen gehst. Du wirst dich selbst erkennen, deine Seele reinigen, dich auf den Tod vorbereiten. Denk, wie Gott dich richten würde, wenn du an diesem Abend sterben würdest.

1. Stell dich selbst vor Gott und danke Ihm für die Gnade, die Er dir an diesem Tag gegeben hat.

2. Bitte Gott um die Gnade, die Sünde zu erkennen und sie immer zu hassen.

3. Denke nach über die an diesem Tag verübten Fehler in Gedanken, Worten, Werken und Unterlassungen, und denke besonders über den Fehler nach, zu dem du am meisten neigst.

4. Bereue deine Fehler von Herzen. Bitte Gott um Verzeihung und vorsetze dich in den Zustand, in dem du vor deinem Tod sein möchtest.

5. Dankesgebet an Gott für das Leben und für alles, was wir haben.

BUßAKT

Mein Gott, ich klage mich an wegen all meiner Sünden, wodurch ich deine Strafen verdient habe. Ich habe dich beleidigt, der du unendlich gut und liebenswürdig bist. Erlaube mir, Dich niemals mehr zu beleidigen und laß mich jede Gelegenheit zur Sünde meiden. Herr, vergib mir und hab Erbarmen.

DIE BEICHTE

1. WER IST JESUS?

Jesus ist der Messias oder Christus, das heißt, der Erwählte Gottes, von den Propheten versprochen; Gott-Mensch, Gotteswort in Person. Nachdem Er alles geschaffen hatte, ist Er im Leibe der Jungfrau Maria Fleisch geworden, um den in Sünde gefallenen Menschen zu retten; Er ist am Kreuz für uns gestorben, um uns mit seiner Menschlichkeit das durch die Sünde verlorene Heilige Leben wiederzugeben.

Jesu Menschlichkeit ist das Leben des Menschen, Heilmittel, das seine Krankheit heilt und ihn zu der Vollkommenheit seines Ursprungs zurückführt.

Jesus hat nur kurze Zeit auf der Erde gelebt. Wie kann er alle Menschen retten, an allen Orten und in allen Zeiten, wenn Sein Leben so kurz war? Er hatte versprochen: "Ich bin bei euch alle Tage bis zum Ende der Welt" (Mt 28,20): Wegen seinem Gehorsam gegenüber dem Vater, ist Er in einer neuen, universellen, zeitlosen und raumlosen Dimension auferstanden, und wurde "Herr" genannt (aus Phil 2,6-11). In dieser Weise lebt Er fort und wirkt er in seiner Kirche.

2. WAS IST DIE KIRCHE?

Die Kirche ist die Ausbreitung von Jesus Christus in der Zeit und im Weltraum. Jesus hat sie als Verwahrerin und Verbreiterin seiner Gaben gegründet, und Er ist in Ihr durch seinen Heiligen Geist anwesend. Diese Anwesenheit offenbart sich in jedem getauften Menschen und besonders in der von Ihm gegründeten Priesterschaft in der Hierarchie: Papst, Bischöfe, Priester, Diakone und in den Sakramenten.

Durch die Taufe werden wir Mitglieder der Kirche; die Eucharestie läßt uns in ihr wachsen und die Buße gibt uns das Leben der verlorenen Gnade wieder und fördert unser Wachstum.

3. DAS SAKRAMENT DER BUßE

Jesus kannte unsere Schwächen. Er wußte, daß der Mensch nach der Taufe wieder in die Sünde zurückfallen würde. Auch wenn die Sünde nicht Todsünde ist, bereitet sie auf den Tod der Seele vor. Dafür schuf er das Sakrament der Buße oder Beichte.

Es war am Abend des Auferstehungstages. Nachdem Er seinen Aposteln, die hingerissen und voller Freude waren, gesagt hatte: "Wie mich der Vater gesandt hat, so sende ich euch" (Jn 20,21).Er fügte hinzu: "Erhaltet den Heiligen Geist: Wem ihr die Sünden vergebt, dem sind sie vergeben; wem ihr die Vergebung verweigert, dem ist sie verweigert" (20,23). Mit diesen Worten schuf Jesus das Sakrament der Buße oder Beichte.

4. VORAUSSETZUNGEN FÜR EINE GUTE BEICHTE

Um eine gute Beichte abzulegen, sind fünf Dinge notwendig: 1) Gewissensprüfung; 2) Reue über die Sünden; 3) Absicht, sie nicht mehr zu begehen; 4) Sündenbekenntnis; 5) Genugtuung oder Buße.

Die Gewissensprüfung ist eine gründliche Nachforschung der eigenen Sünden seit der letzten Beichte. Man braucht sich den Kopf nicht zu zerbrechen, sondern man soll viel Fleiß darauf verwenden, den Heiligen Geist anzurufen und sich mit dem Wort Gottes auseinanderzusetzten.

Die REUE ist weder ein physischer noch ein emotioneller Schmerz, sondern es ist ein Akt des Willens, der die Sünde haßt. Es gibt zwei Sorten der Reue: eine, die unvollendet ist und auch UNVOLLKOMMENE REUE genannt wird: das Leid des materiellen oder physischen, moralischen oder geistigen Schadens, den wir durch die Sünde erlitten haben; und die andere, die vollendet ist und VOLLKOMMENE REUE *genannt wird; sie betrifft die Beleidigung, die wir Gott, unserem Erschöpfer und Herrn, verursacht haben.*

Die ABSICHT *ist ein fester Wille, die Sünde nicht mehr zu begehen und alle Mittel anzuwenden, um ihr zu entfliehen.*

Das SÜNDENBEKENNTNIS *oder die Beichte der Sünden soll demütig, aufrichtig, vollständig und eingehend, vor allem, was die Todsünden betrifft, sein.*

Die GENUGTUUNG *ist ein kleines Zeichen, das der Priester von uns verlangt, um unseren guten Willen zu zeigen, unser Leben ändern zu wollen.*

5. Schluss

In den letzten Zeiten vernachläßigen viele Leute die Beichte. So daß viele die Heilige Kommunion empfangen, auch wenn sie gesündigt haben. Unsere Rettung ist keine persönliche Angelegenheit, die wir direkt mit Gott regeln. Die Sünde schadet nicht nur dem Menschen, der sie begeht, sondern der ganzen Kirche, mystischem Körper Gottes. Um die Ordnung wiederherzustellen, ist die Beichte in der Kirche notwendig, und der Priester muß diesen Dienst erfüllen, der wichtiger ist als vieles andere.

Es gibt einige, die sagen: "Warum soll ich meine Sünden einem Mann, der vielleicht mehr als ich gesündigt, beichten? Ich werde meine Sünde direkt mit Gott begleichen!" Vielleicht ist es wahr, daß der Priester mehr als du sündigt. Auch dein Arzt kann kränker sein als du, aber die Wirkung seiner Medizin, die er dir verschreibt, ist nicht von seiner Krankheit beeinflußt...

DIE KOMMUNION

Die Kirche empfiehlt den Gläubigen, wenigstens einmal im Jahr, möglicherweise zu Ostern, die Eucharestie zu empfangen; es wäre besser, sie jeden Sonntag oder an den Feiertagen, oder noch öfter, jeden Tag zu empfangen. Der Herr bittet uns, Ihn im Sakrament der Eucharestie zu empfangen: "Wenn ihr das Fleisch des Menschensohnes nicht eßt und sein Blut nicht trinkt, habt ihr das Leben nicht in euch". (Jn 6,53) Deshalb sollen sich die Gläubigen vorbereiten, dieses Sakrament zu empfangen und das von der Kirche gebotene Fasten einzuhalten. Der Heilige Paulus bittet uns um ein Gewissensbekenntis und der, der sich bewußt ist, eine Sünde begangen zu haben, soll das Sakrament der Versöhnung empfangen, weil: "Wer also unwürdig von dem Brot ißt und aus dem Kelch des Herrn trinkt, macht sich schuldig am Leib und am Blut des Herrn. Jeder soll sich selbst prüfen; erst dann soll er von dem Brot essen und aus dem Kelch trinken. Denn wer davon ißt und trinkt, ohne zu bedenken, daß es der Leib des Herrn ist, der zieht sich das Gericht zu, indem er ißt und trinkt" (1 Kor 11,27-29). Der Leib Christi ist "für uns gegeben" und das Blut, das wir trinken, ist "für viele vergossen, um die Sünden zu vergeben", so daß die Eucharestie uns mit Christus verbindet, und im gleichen Moment entfernt sie uns von der Sünde, reinigt uns von den begangenen Sünden und bewahrt uns von den zukünftigen. So wie die körperliche Nahrung dazu dient, die verlorenen Kräfte wiederherzustellen, so stärkt die Eucharestie die Nächstenliebe, die im Alltagsleben dazu neigt, schwächer zu werden; Die so wiederbelebte Nächstenliebe löscht die läßlichen Sünden aus.
Außerdem bewahrt sie uns in Zukunft vor den Todsünden. Je mehr wir das Leben Christi teilen und Fortschritte in der Freundschaft mit ihm machen, desto schwieriger ist es, uns von Ihm in Todsünde zu trennen.

114

Gebet vor der Heiligen Kommunion

Vater, wir nähern uns mit Freude deinem Tisch und die Ausbreitung deines Geistes verwandle uns in ein Vorbild zu deiner Ehre. Der Körper Christi, der für uns geopfert wurde, ist unsere Nahrung und gibt uns Kraft, und sein für uns vergossenes Blut ist unser Trank und reinigt uns von jeder Sünde.

Herr Jesus Christus, Sohn des lebendigen Gottes, der du durch deines Vaters Willen und durch das Werk des Heiligen Geistes mit deinem Tod der Welt das Leben gegeben hast, durch das Geheimnis deines Leibes und deines Blutes, befreie mich von allen Sünden und vom Bösen, laß mich deinem Gesetz immer treu sein und mache, daß ich nie von Dir getrennt werde.

Herr Jesus Christus, die Kommunion mit deinem Leib und mit deinem Blut werde für mich nie Verurteilung, sondern sei Mittel und Schutz für Seele und Körper durch deine Barmherzigkeit.

Allmächtiger und ewiger Gott, ich nähere mich dem Sakrament deines Sohnes, unseres Herrn Jesus Christus, ich wende mich wie ein Kranker an den Arzt des Lebens, ein Durstiger an die Quelle der Barmherzigkeit, ein Armer an das Licht des Himmels und der Erde. Deshalb rufe ich deine unendliche Großherzigkeit an: heile meine Krankenheit, erleuchte meine Blindheit, bereichere meine Armut, auf daß ich das Brot der Engel zu meiner Rettung empfange.

GEBET WÄHREND DER HEILIGEN KOMMUNION

Jesus, nimm mein Gebet an, Herr handle mit mir nach deinem Wort! Jesus, du bist für jeden Menschen gekommen, so bete ich auch für die anderen: für meine Familie, für meine Eltern, für die Brüder, die Schwestern, die Freunde, die Gemeinschaft und die ganze Welt.

Viele Leute kennen dich nicht, und Du bist auch für sie gekommen, Jesus! Die Herzen vieler Menschen sind leer, sie dienen anderen Göttern, zerstören ihr Leben und das der anderen. Ich bitte dich mit Maria und mit allen, die Dir dienen, ihnen die Gnade des Glaubens zu geben. Viele lieben das Böse und sie dienen ihm mit dem ganzen Leben und schaden sich selbst und den anderen. Jesus, sei barmherzig und führe sie zu deiner Freiheit, so daß sie dich lieben können. Sende deinen Geist und erleuchte alle Herzen, daß sie dem Dunkel der Ungläubigkeit und der Sklaverei der Sünde entfliehen können, um in die Freiheit der Kinder Gottes einzutreten.

Jesus, ich liebe Dich, weil Du der Erneuerer der Welt bist! Jesus, ich liebe Dich, weil Du der Retter der Welt bist! Jesus, ich glaube an Dich, weil Du der Erlöser der Welt bist!

Jesus, ich verehre Dich mit Maria, die schon seit ihrer Empfängnis von der Erbsünde und von jeder Sünde bewahrt wurde. Du bist der Erlöser der Welt. Ich lobe Dich und ich preise Dich, weil du durch Maria die Früchte der völligen Erlösung offenbart hast. Jesus, ich preise Dich, weil im Herzen Mariens das wunderbare Licht deiner Liebe von Anfang an erleuchte. Wie schön war ihre Seele, die von Anfang an Gnadenvoll war!

116

Durch sie wurde die Freundschaft zwischen Gott und den Menschen wiederhergestellt und erneuert. Ich preise Dich Jesus, weil Deine Mutter die Morgenröte eines neuen Tages geworden ist, der ganz durch Dein Kommen erleuchtet werden sollte. Ich preise Dich, Herr, weil Du im Herzen Mariens eine würdige Wohnung gefunden hast.

Jesus, ich lobe Dich und ich preise Dich mit Maria, Die ohne Sünde empfangen wurde.

Gebet nach der Heiligen Kommunion

Ich danke Dir, Herr, Allmächtiger Vater, ewiger Gott, weil du nicht durch meinen Verdienst, sondern durch die Gnade deiner Barmherzigkeit, mich Sünder und unwürdigen Diener, mit dem wertvollen Leib und Blut deines Sohnes und unseres Herrn, Jesus Christus, ernährt hast.

Ich bitte Dich, daß diese Kommunion für mich nicht Grund zur Strafe sei, sondern ein heilsames Pfand der Versöhnung, sie sei für mich eine Glaubensrüstung und ein Schild guten Willens; Befreiung von meinen Lastern, Zerstörung der Sinnlichkeit und der Liederlichkeit, Vermehrung der Barmherzigkeit und der Geduld, der Demut, des Gehorsams und aller Tugenden. Sie sei meine feste Verteidigung gegen die Fallen der sichbaren und der unsichbaren Feinde, vollkommene Ruhe der fleischlichen und geistigen Leidenschaften; sie sei mit Dir, dem einzigen und wahren Gott, feste Verbindung und seliger Besitz meines Zieles. Würdige Dich, ich bitte Dich, mich Sünder zu jenem göttlichen Gastmahl zuzulassen, wo Du mit deinem Sohn und mit dem Heiligen Geist wahres Licht, völlige Sattheit, ewige Freude, völlige Heiterkeit und vollkommenes Glück bist. Durch unsern Herrn, Jesus, Christus. Amen

WICHTIGSTE WAHRHEITEN DES CHRISTLICHEN GLAUBENS

DIE ZEHN GEBOTE

"Guter Meister, was soll ich machen, um das ewige Leben zu erlangen?" Dem Jüngling, der Jesus dies fragt, antwortet Er, daß es sehr wichtig ist, Gott als "den einzigen Guten" als das wichtigste Gut, als die Quelle alles Guten, anzuerkennen. Später sagt Jesus: "Wenn du in das Leben eintreten willst, befolge die Gebote". Und Er zählt seinem Gesprächspartner die Gebote auf, die die Liebe für den nächsten betreffen: "Du sollst nicht töten, du sollst nicht die Ehe brechen, du sollst nicht stehlen, du sollst nicht falsch gegen deinen Nächsten aussagen, ehre deinen Vater und deine Mutter". Als er fragt: "Welches Gebot im Gesetz ist das wichtigste?" (Mt 22,36), antwortet Jesus: "Du sollst den Herrn, deinen Gott, lieben von ganzem Herzen, mit ganzer Seele und mit all deinen Gedanken. Das ist das wichtigste und erste Gebot. Ebenso wichtig ist das zweite: Du sollst deinen Nächsten lieben wie dich selbst. Von diesen beiden Geboten hängt das ganze Gesetz ab samt den Propheten" (Mt 22, 37-40).

Ich bin dein Gott:

I Du sollst neben mir keine anderen Gott haben.

II Du sollst den Namen Gottes nicht verunehren.

III Du sollst den Tag des Herrn heiligen.

IV Du sollst Vater und Mutter ehren.

V Du sollst nicht töten.

VI Du sollst nicht Unkeuschheit treiben.

VII Du sollst nicht stehlen

VIII Du sollst nicht lügen.

IX Du sollst nicht die Frau deines Nächsten begehren.

X Du sollst nicht das Gut deines Nächsten begehren.

DIE SIEBEN SAKRAMENTEN DER KIRCHE

Von Jesus Christus eingesetzte wirksame Zeichen des Glaubens, um uns zu heiligen

Taufe

Firmung

Eucharestie

Buße oder Versöhnung

Krankensalbung

Priesterweihe

Ehe

DIE FÜNF GEBOTE DER KIRCHE

1. Nimm sonntags und an den gebotenen Feiertagen an der Heiligen Messe teil

2. Beichte all deine Sünden wenigstens einmal im Jahr

3. Empfange in Demut die Heilige Kommunion wenigstens zu Ostern

4. Ehre die gebotenen Feiertage

5. Halte das gebotene Fasten ein

DIE SIEBEN GABEN DES HEILIGEN GEISTES

Weisheit

Wissenschaft

Verstand

Stärke

Rat

Frömmigkeit

Gottesfurcht

DIE DREI THEOLOGISCHEN TUGENDEN

Glaube
(Durch den Glauben glauben wir an Gott und alles, was Er uns gesagt hat und was Er uns durch die Kirche lehrt).

Hoffnung
(Zuversichtlich erwarten und erhoffen wir von Gott das ewige Leben und die Gnade, es zu verdienen).

Liebe
(Durch die Liebe lieben wir Gott über alles, und unseren Nächsten wie uns selbst aus Gottesliebe. Sie ist "Band der Vollkommenheit" *(Kol 3,14)* und Ausdruck aller Tugenden).

DIE SIEBEN WERKE DER LEIBLICHEN BARMHERZIGKEIT

Die Hungernden speisen

Den Durstigen zu trinken geben

Die Nackten bekleiden

Pilger und Reisende beherbergen

Die Kranken besuchen

Die Gefangenen besuchen

Die Toten zu begraben

DIE SIEBEN WERKE DER GEISTIGEN BARMHERZIGKEIT

Die Zweifelnden beraten

Die Unwissenden belehren

Die Sünder ermahnen

Die Trauernden trösten

Beleidigungen vergeben

Die lästigen Leute mit Geduld ertragen

Für die Lebenden und die Toten beten

DIE VIER KARDINALTUGENDEN

Klugheit
Sie bereitet die praktische Vernuft vor, unter allen Umständen unser wahres Wohl zu erkennen, und die angemessenen Mittel zu wählen, um es zu verwirklichen.

Gerechtigkeit
Sie besteht im festen und stetigen Willen, Gott und dem Nächsten zu geben, was ihnen zukommt.

Stärke
Sie stärkt in der Schwierigkeit, gibt Festigkeit und Beständigkeit in der Suche nach den Guten.

Mäßigkeit
Sie mäßigt die Anziehungskraft der sinnlichen Freuden und macht uns ausgeglichen im Gebrauch der erschaffenen Güter.

DIE SÜNDEN GEGEN DEN HEILIGEN GEIST

Zurückweisung des Heils

Annahme, gerettet zu werden ohne Verdienst

Die anerkannte Wahrheit zurückweisen

Neid gegenüber Gnaden, die andere erhalten

Verhärtung in der Sünde

Unbußfertigkeit bis zuletzt

DIE VIER SÜNDEN, DIE DIE STRAFEN GOTTES ANZIEHEN

Vorsätzlicher Mord

Unreine Sünde wider die Natur

Unterdrückung der Armen

Die Arbeiter um den Lohn betrügen

DIE VIER LETZTEN DINGE

Tod

Gericht

Hölle

Himmel

DIE SIEBEN HAUPTLASTER

Stolz

Geiz

Unkeuscheit

Zorn

Unmäßigkeit

Neid

Trägheit

SHALOM

Der Heilige Josef   Der Heilige Erzengel Michael

Dieser Katalog will dem Leser nicht nur die Texte, die vom Verlag SHALOM (Ein katholischer und marianischer Verlag) gedruckt sind, empfehlen, sondern eine angemessene Anzahl von ernsten und kraftvollen Büchern, die unter der Leitung eines auf diesem Gebiet bewanderten Ordensbruders ausgewählt worden sind und die die Vertiefung der Kenntnis des christlichen Glaubens fördern.

Unter ihnen gibt es nicht nur zeitgenössische Schriftsteller, die aktuelle Problematiken und Argumente vorschlagen, sondern die Werke einiger Heiligen und Meister der Kirche. Was die vom Verlag SHALOM gedruckten Texte betrifft, muß man unterstreichen, daß der Verlag sich vornimmt, die Glaubensbotschaften zu verbreiten und das Gebet unter so vielen Lesern wie möglich zu fördern.

Um dieses Projekt auszuführen, hat der Verlag auf jeden Erwerbszweck verzichtet. Das ganze Unternehmen wird ausgebaut, um zum Triumph Mariens beizutragen, in der Sicherheit, dem Gottesreich zu dienen, wenn wir am Glauben und am Gehorsam von Maria, Magd und Mutter unseres Herrn, teilhaben.

In diesen Zeiten, in der unsere Treue zur einzigen Kirche Christi auf die Probe gestellt wird, ist es notwendig, die Unterwerfung und die Gemeinschaft mit dem Nachfolger Petri in unsere christliche Erfahrung aufzunehmen, während wir von Maria ermutigt und geführt werden.

BETET JEDEN TAG DEN HEILIGEN ROSENKRANZ
Gebetesammlung
Sie enthält den durchdachten Rosenkranz, die Widmung an das Unbefleckte Herz von Maria, die Gebete jeden Tages und die wichtigsten Wahrheiten des christlichen Glaubens.

Johannes Paul II beschreibt so sein Lieblingsgebet:
Den heiligen Rosenkranz beten bedeutet, in die Schule von Maria einzutreten und von Ihr, der Mutter und Jüngerin Christi, zu lernen, wie man in der Tiefe und in der Gesamtheit die Ansprüche des christliches Glaubens leben soll. Wenn man den Rosenkranz betet, soll man nicht einfach Formeln wiederholen, sondern in eine vertrauliche Unterhaltung mit Maria eingehen, mit Ihr sprechen, Ihr die Hoffnungen darlegen, Ihr die Leiden anvertrauen, Ihr das Herz öffnen, Ihr die eigene Verfügbarkeit zeigen, um die Gottespläne anzunehmen, Ihr unter allen Umständen, besonders unter den schwierigen und schmerzlichen, Treue versprechen, in der Gewißheit Ihres Schutzes und überzeugt, daß uns durch Sie von Ihrem Sohn alle notwendige Gnade für unsere Rettung verliehen wird. Wenn wir den heiligen Rosenkranz beten, betrachten wir Christus nämlich aus einer bevorzugten Sicht, aus der von Maria, seiner Mutter; wir denken über die Geheimnisse des Lebens, des Leidens und der Auferstehung unseres Herrn nach mit den Augen und dem Herzen derer, die Ihrem Sohn am nächsten war.

Dieses Buch ist im Format cm.11x18,5 gedruckt:

-in Spanisch.	Preis $3	Code n.8117
-in Englisch.	Preis $3.	Code n.8118
-in Französisch.	Preis FFR12.	Code n. 8120
-in Italienisch.	Preis £3.000.	Code n. 8102